När människan börjar upptäcka denna kraft inom sig spelar han aldrig mer den roll som han tidigare spelade. Han vänder inte tillbaka och blir bara en åskådare av livet; från och med nu är han påverkaren av livet.

—

Neville Lancelot Goddard

Författare: Fabio Mantegna, Elmer O. Locker Jr &
Neville Goddard
Översättning, redigering & korrekturläsning:
Antti Rantala
Andra bidragsgivare: Dr. Joseph Murphy, Mitch
Horowitz, Dr. Ulrich Warnke, Daniel Daddeh och
resten av mänskligheten.

Tryckning och distribution på uppdrag av
författarna: Fabio Mantegna och Elmer O. Locker Jr

ISBN
Pocketbok   979-8397561990
Inbunden   979-8397563789

Fabio Mantegna   Elmer O. Locker Jr

Du är Vägen, Sanningen och Livet

Manifestera ditt drömliv med
Neville Goddards lag om antagandet

Innehållsförteckning

Kapitel 1 - Vägen hittills

Boken som du just nu håller i dina händer kom till dig på en mängd olika sätt. Du kan själv avgöra i slutet av boken om det är förutbestämt eller bara en slump att du hittade denna bok. Jag har erfarenheten av att det inte finns några tillfälligheter, och vi har fått gåvan att själva bestämma vårt öde.

Trots det befann jag mig i början av 2022 i vad man kallar en livskris. Jag hade ekonomiska problem, var olycklig i mitt jobb och kärleken verkade med sin frånvaro. Jag var en fånge i min mardröm, vilse i yttre omständigheter, tills en obetydlig upplevelse påverkade mitt liv avsevärt och satte mig tillbaka på rätt spår. Jag besökte en god vän. Vid den tiden hade han omsatt nästan €1,000,000 när jag själv hade förlorat nästan €50,000 i kryptovalutor. Jag försäkrar dig om att jag läste utförligt om den här typen av investeringar. Skillnaden mellan oss låg inte i kunskap eller tillämpning. Men i känslor. För att vara exakt var det inställningen till livet!

Det var inte första gången jag hade stött på detta. Och så snart det dök upp igen i mitt medvetande, började min förnyade, fördjupade resa in i manifestation. Jag stötte på lagen om antagandet. Dessutom ledde min forskning mig till Elmer O. Locker Jr som var en så kallad VIP-medlem i Neville Goddards krets. Hans barnbarn David driver en YouTube-kanal [1] som ger

---

[1] youtube.com/@ElmerOLockerjr

insikter om dessa VIP-möten och har aktivt hjälpt till med produktionen av denna bok. Jag vill ta tillfället i akt att tacka honom för hans enorma bidrag till detta projekt. Utan hans hjälp skulle du inte läsa dessa rader just nu.

Under puberteten manifesterade jag ofta omedvetet saker som utomstående skulle avfärda som en stor tillfällighet. En viktig upplevelse var manifestationen av en förlorad kärlek som jag inte hade sett eller hört av på flera månader. Jag var dödligt olycklig över det och på grund av denna förtvivlan bad jag en kväll till Gud - så uppriktigt, så intensivt och så själfullt som jag aldrig hade bett förut. Jag bad Gud att ta tillbaka min kärlek, omedveten om att jag bad till ingen annan än mig själv. Jag kan inte minnas exakt hur länge jag stannade i detta tillstånd. Min italienska bakgrund hjälpte mig förmodligen att tillåta denna intensiva känsla, detta temperament inom mig, eftersom det inte finns något viktigare för oss än kärlek. Efter åtminstone en timme kände jag mig så utmattad att jag föll ner i sängen och somnade djupt. Inte ens en timme senare väcktes jag av ett inkommande samtal från min förlorade kärlek.

Sedan 2016 försökte Neville få mig att ta till mig hans läror om lagen om antagandet. Men vid den tidpunkten befann jag mig inte i rätt medvetandetillstånd för att acceptera dem. När jag läste hans namn kände jag ingen resonans med honom och tänkte inte på honom eller hans lektioner. Men det förändrades helt och hållet. Som tur var. Ämnet manifestation återkom nyligen och mycket praktiskt år 2019. Vid den tiden kom jag i kontakt med en grupp som just hade startat och lärde ut utmärkt och djup information om livet och manifestationen. Idag vet jag att det mesta av den undervisade informationen var baserad på Neville Goddards teorier.

"Med utövandet av en självlärd och ovanligt skarp intelligens, omfamnade Neville en andlig vision som var djärv och total: Allt du ser och upplever, inklusive andra människor, är resultatet av dina egna tankar och emotionella tillstånd. Var och en av oss drömmer fram en oändlighet av verkligheter och utfall. När du inser detta, lärde Neville ut, kommer du att upptäcka att du är en slumrande gren av Skaparen klädd i mänsklig form, och vid rodret av gränslösa möjligheter."[2]

Jag har sysslat med ämnet andlighet sedan min barndom, oavsett om det handlar om religioner som kristendom, islam, buddhism och judendom eller djupgående andliga insikter från olika icke-religiösa lärare från vår tid och från historien. Jag har alltid haft en djup relation till inre andliga sanningar och teorier sedan början av mitt liv. Detta var en av anledningarna till att jag kunde förstå Nevilles läror djupt och snabbt. Det är viktigt att veta att han var intresserad av mer än bara manifestation. Han ville att dessa djupgående mekanismer av vår existens skulle förstås och medvetet tillämpas igen.

Det var över 80 år sedan, och mycket har hänt sedan dess ur ett vetenskapligt perspektiv. Speciellt kvantfysiken förklarar många av Nevilles exponeringar och varför de fungerar. Jag insåg snabbt att Neville fulländade mig, och att jag kunde lägga till min

---

[2] tinyurl.com/CosmicPhilospher

erfarenhet och kunskap till hans lektioner. Därför börjar den här boken med en introduktion om vetenskapliga och andliga fakta som hjälper dig att förstå mekanismerna bakom Nevilles teorier.

Tack vare mina erfarenheter och min samhörighet för andlighet kunde jag snabbt komma in i hans läror när jag väl accepterade dem. Och eftersom hans tekniker är mycket enkla, implementerade jag dem omedelbart - med fantastiska resultat. Kort sagt: Han räddade i stort sett mitt liv. Han fick mig ur min livskris och förde mig tillbaka till mig själv. Jag är djupt tacksam för det, vilket är varför jag främst ägnar den här boken åt honom.

Dock skrev jag denna bok bara av en anledning: att föra vidare Nevilles gåva till så många människor som möjligt. Det högsta möjliga goda för så många som möjligt! Det är därför jag skrev den här boken, så att alla skulle få det de söker. Det spelar ingen roll om du bara börjar eller om du redan är avancerad inom ämnet manifestation. Du kommer att hitta allt du behöver för att skapa det liv du drömmer om i denna bok. Du kommer att hitta all grundläggande såväl som mer djupgående information om manifestation. Enkla steg-för-steg instruktioner, tips och genvägar, men också djupa vetenskapliga och andliga fakta som kompletterar ämnet. Allt detta, naturligtvis, med hänvisning till Neville Goddard och hans lektioner, som har funnits i denna värld i över 80 år och nu förhoppningsvis får den uppmärksamhet de förtjänar.

Med detta i åtanke önskar David och jag dig mycket glädje medan du lär dig, förstår och självklart tillämpar informationen, insikterna och instruktionerna som finns skrivna på följande sidor.

Kapitel 2 - Neville Goddard och lagen om antagandet

En kort historisk utflykt i Neville Goddards liv tar oss till grunden för lagen om antagandet - rakt in i själva hjärtat av manifestation.

Bakgrunden är viktig för att kunna förstå och klassificera informationen som du snart kommer att få ta del av. Det är en förberedelse för teknikerna som gör det möjligt för dig att lära dig manifestera på rätt sätt och på det mest effektiva sättet. För bakgrunden använder jag bland annat delar av en av de mest kända artiklarna om Neville, *"A Cosmic Philosopher"*[3] *av* Mitch Horowitz[4].

Kanske var du redan entusiastisk av historia i skolan - i så fall kan du se fram emot det som kommer! Och om inte, lita på mig, det är fortfarande värt det! Om du inte omedelbart förstår betydelsen av en term som jag använder, hittar du förklaringarna i slutet av boken.

Nåväl, låt oss börja med historielektionen.

---

[3] tinyurl.com/CosmicPhilospher

[4] mitchhorowitz.com

Kapitel 2.1 - En följd av händelser som leder upp till mysteriet

Neville Lancelot Goddard föddes den 19 februari 1905 i det brittiska beskyddade området Barbados, i staden St. Michael, i en anglikansk familj med nio söner och en dotter. En skvallerkolumn från 1950-talet beskrev den unge Neville som enormt förmögen. Hans familj ägde en hel ö i Karibien, skrevs det. Sanningen var dock mycket mer blygsam: Neville beskrev sitt eget engelska hem som lyckligt men vanligt. Bland hans bröder, liksom i många familjer, fanns en ständig kamp om kläder och annat vid middagsbordet.

Vid 17 års ålder kom Neville till New York för att studera teater - en flytt som ledde till en framgångsrik karriär som varietédansare och Broadway-skådespelare. Han turnerade i Amerika och England med dansgrupper, men levde i hand-till-mun existens i teatern och försörjde sig med jobb som hissoperatör och varuförsändelse kontrollant. När den unge skådespelaren Neville mötte en frestande samling av andliga idéer verkade hans ambitioner för teater blekna - först med självutnämnda andliga grupper som väckte hans intresse för kraften i sinnet och metafysik, och senare med hjälp av en livsförändrande mentor. Neville talar om denna mentor och sina erfarenheter av att ha studerat med honom i sina böcker och föreläsningar. Han sades vara en rabbin som kallade sig Abdullah - även känd som Arnold Josiah Ford. Neville hävdade att det var något ödesmättat över deras första möte omkring 1931.

Från den här punkten djupnade hans intresse för esoteriska tolkningar av Bibeln, och han dök ännu djupare ner i andlighet och lagar i vår så kallade verklighet. Abdullah, som var av etiopisk härkomst och judisk tro, föreläste om esoterisk kristendom och lärde både Neville och Joseph Murphy. Neville gick först för att se honom bara för att en vän konstant hade uppmanat honom till det, under protest, och sa: "Jag kommer ihåg den första kvällen jag träffade Abdullah. Jag hade medvetet fördröjt att delta i ett av hans möten eftersom en man vars omdöme jag inte litade på hade insisterat på min närvaro." Vid mötets slut närmade sig Abdullah Neville och sa, "Neville, du är sex månader försenad!" Förvånad undrade Neville hur han visste hans namn när Abdullah sa, "Bröderna berättade för mig att du skulle komma och du är sex månader försenad." Sedan tillade han: "Jag kommer att stanna tills du har fått allt som jag måste ge dig. Sedan kommer jag gå."

Från denna bekantskap studerade Neville hebreiska, kabbala och den dolda symboliska betydelsen av den Heliga Skriften med Abdullah i cirka fem år.[5]

———

Studierna av den symboliska betydelsen av den Heliga Skriften är också anledningen till varför du kommer att hitta några bibelcitat i boken. Neville har själv ofta använt dem för att stödja sina förklaringar och göra dem mer förståeliga. Han har studerat ett brett utbud av skrifter, men framför allt Bibeln. Och det

---

[5] tinyurl.com/CosmicPhilospher

finns också en viktig anledning till varför Abdullah lät honom studera dessa skrifter; de är i grunden inget annat än en manual om hur man manifesterar och hur livet fungerar - dock endast om du inte tar dem bokstavligt. Bibelns författare tänkte, skrev och talade annorlunda än vi gör nu för tiden. För dem handlade det om analogier eller symboler. Varje mening hade sin betydelse, vilket var fullt förståeligt vid den tiden. Därför bör Bibeln aldrig tolkas bokstavligt.

Detta är en av hemligheterna som Abdullah lärde Neville om Skriften.

Det är också anledningen till varför Neville kunde citera Bibeln flytande och många andra böcker, t.ex. av William Blake eller William Shakespeare, som bar samma kunskap, i sina offentliga föreläsningar. Detta kom till stånd efter att Neville avslutade sina studier med Abdullah och bemästrade de tekniker han hade lärt sig.

Från och med då tog han sig till USA. Han arbetade under en period på 34 år, från 1938 till 1972. På 1950-talet bosatte han sig i Los Angeles, där han höll en serie offentliga föreläsningar om manifestation och lagen om antagandet, som också sändes på TV och radio.

Dessutom höll Neville regelbundet föreläsningar om lagen om antagandet inför stora publiker på den berömda Wilshire Ebell-teatern i Los Angeles under många år. Han kallade det inte bara lagen om antagandet, utan Lagen eller Frihetens Lag.

På 1960-talet och tidigt 1970-tal, ett decennium efter att Neville hade börjat föreläsa inför livepublik,

15

fokuserade han på Los Angeles, New York och San Francisco.

Neville Lancelot Goddard dog i sitt hem i West Hollywood, Los Angeles, den 1 oktober 1972, vid 67 års ålder. Han begravdes i sin hemstad i Barbados, på Westbury Cemetery, Saint Michael.[6]

---

[6] tinyurl.com/BarbadosIsland

Kapitel 2.2 - Abdullah, den andliga mentorn

Tyvärr finns det mycket lite information som är känt om Nevilles mentor Abdullah, även om Neville nämnde honom ofta. Informationen som har bekräftats ser ut enligt följande:

Abdullah, som döptes till Arnold Josiah Ford, föddes som son till en resande predikant på Barbados 1877, exakt 28 år före Nevilles födelse. Kring 30-års åldern, runt 1910, kom Arnold Josiah Ford till Harlem och etablerade sig som en av de ledande rösterna inom den etiopiska rörelsen, en föregångare till jamaikansk rastafarianism.

Arnold Josiah Ford bodde i New York samtidigt som Neville Goddard, Joseph Murphy och många andra välkända namn. I sina föreläsningar talade Goddard ofta om att det första mötet med Abdullah ägde rum 1931.

Uppgifter från USAs folkräkning visar att Arnold Josiah Ford bodde på West 131st Street i Harlem, New York, år 1930. Han bodde där redan år 1920, strax innan Joseph Murphy kom till New York.

För att bekräfta informationen om Arnold Josiah Ford [Abdullah] och den etiopiska rörelsen vid den tiden, låter vi historikerna Howard Brotz och Jill Watts uttala sig.

"Det är säkert att Arnold Josiah Ford studerade hebreiska med en invandrad lärare och var en viktig länk i undervisningen av talmudisk judendom inom den etiopiska rörelsen," sa Howard Brotz i en studie om den svarta judiska rörelsen i Harlem. Historikern

Jill Watts beskrev rörelsen genom att säga: "Filosofin bakom etiopianismen besatt ett element av andlig kraft. Många anhängare av etiopianismen trodde på andlig läkning och att materiella omständigheter kunde förändras genom Guds kraft."[7]

___

Än idag har Abdullahs, även känd som Arnold Josiah Ford, identitet inte helt bekräftats. Men beskrivningarna matchar dem som Neville ger om sin lärare i hebreiska, kabbala och andra heliga skrifter i sina föreläsningar.

Studierna av hebreiska, metafysiken om sinnesstyrka, anknytningen till Barbados, tidsramen, den svarta rabbinen och turbanen - allt detta tyder på att Arnold Josiah Ford verkligen var Abdullah, den andliga mentorn för Neville Goddard och flera andra välkända namn. Trots befintliga motsättningar och luckor i bakgrunderna för Neville Goddard och Arnold Josiah Ford är likheterna slående.

Förutom den bekräftade informationen finns det också några rykten. Eftersom dessa vanligtvis innehåller en kärna av sanning är det definitivt värt att titta närmare på dem.

Det är känt genom Neville att Abdullah tillfälligt bodde i New York på 72nd Street, som sägs ha varit ett mycket trevligt hem ägt av Morgenthau den äldre. Hans son, Henry Morgenthau, var USA:s finansminister vid tiden. Morgenthau den äldre ägde huset

___

[7] tinyurl.com/CosmicPhilospher

men bodde inte där och hyrde ut andra våningen till Abdullah.

Vi talar om 1930-talet, på toppen av segregationseran! Trots Jim Crow-lagarna [8] kunde denna etiopiska man som Goddard beskrev som "svart som spader ess" göra vad han ville mitt i USA. Men Abdullah kände aldrig att han var ovälkommen. Det var inte en del av hans medvetande. Detta är också anledningen till varför han naturligtvis satt på den främre raden när han besökte New York operan, som han älskade mycket.

Människor från alla samhällsklasser, läkare, forskare, banker, affärsmän och många fler sökte träff med honom efter att ha blivit tipsade av *Morgenthau den äldre*. Bland dem fanns mycket berömda namn som *Carnegie, JP Morgan,* och *Rockefeller,* namn som fortfarande är välkända idag. Detta beror på att de förverkligade de vildaste drömmarna som man kan ha under en livstid. Om uppfyllandet av dessa drömmar är ärofull eller moralisk, är en annan fråga. Men min poäng här är följande:

Tror du att allt detta är en slump?

Tror du att det är en slump att de människor som nämns ovan kunde uppfylla sina drömmar efter att ha besökt Abdullah? Som du förmodligen kan gissa är svaret *NEJ!*

Det är fortfarande viktigt att känna till viss bakgrund för att förstå att manifestation inte är en andlig

---

[8] tinyurl.com/JimCrowLawsWiki

vidskepelse, utan ett vetenskapligt bevisat koncept som faktiskt fungerar. Detta kommer att stärka din *tro, kunskap* och *övertygelse* och därmed *accelerera medveten manifestation* avsevärt.

Så Abdullah lärde ut att man kunde skapa sin egen nya verklighet oavsett omständigheterna i ens liv. Och att genom att ändra sina egna ord och tankar, som i sin tur ändrar ens känslor och därmed ens omständigheter. Detta är också anledningen till varför människor som Morgenthau, Carnegie, JP Morgan och Rockefeller, enligt sägen, uppfattades som mycket trevliga av dem runt omkring dem. De tackade alla för allt, vare sig det var en anställd, vän eller främling.

Kapitel 2.3 – Känslorna är hemligheten

Abdullah sa till Neville: "Lev som om du redan är där, och du kommer vara det." Så Neville gjorde just det och därmed insåg han följande viktiga faktum: Det är väsentligt att acceptera känslan av att man redan har uppnått ett mål för att faktiskt uppnå det. På så sätt kan känslan av det uppnådda målet speglas från insidan och ut.

> *När ens fantasi känns sann och given i hjärtat, då är fröet för manifestation planterat och det börjar gro och blomstra tills dess frukter bär!*

Neville integrerade fullständigt denna insikt när han planerade att besöka sin familj i Barbados under julen. Han beskrev sin upplevelse vid den tiden på följande sätt:

"[...] Min gamla vän [Abdullah] lärde mig den läxan på ett intensivt sätt år 1933. Det var lågkonjunktur i det här landet. Många av er är för unga för att minnas det, men jag är nu nästan 67 år och jag gick igenom den djupa lågkonjunkturen i New York. Jag var en dansare, och vem skulle betala en dansare när de själva inte kunde äta? Alla teatrarna var stängda. Jag tror inte att mer än 3 teatrar av 50 var öppna i Times Square. Så, vem ville ha en dansare? Jag skulle ha dansat för vad som helst för en måltid, och ingen ville anställa en dansare.

Så vad skulle jag göra? Jag ville åka till min lilla ö som heter Barbados, och jag hade inga pengar. Och när jag säger att jag inte hade några pengar, menar jag INGA pengar. Inte bara lite, utan inga alls.

Jag sa till min vän Abdullah: *Ab, jag skulle hemskt gärna åka till Barbados.* Han sa till mig: *Du är i Barbados!* Jag sa: *Jag är i Barbados?* Han sa: *Ja, du är nu i Barbados!*

Jag förstod inte riktigt vad han berättade för mig. Jag lärde mig det senare. Han sa till mig att om jag vill ha något, måste jag anta att jag redan har det.

Jag vill åka till Barbados? - Jag ÄR i Barbados!

Så, den här natten, när jag sover, så sover jag i Barbados. Hur? I min fantasi! Och hur vet jag att jag är där? Jag tänker på New York där jag fysiskt sover, och ser det norr om mig, över 3000 km nordväst från där jag är i Barbados. Tiden gick, och jag såg inga bevis.

Så, jag sa till honom: *Du, Ab, om jag inte tar nästa båt, kan jag inte åka till Barbados.* För inga flygplan kommer att flyga; inga kommersiella flygplan flyger på den tiden. Han sa till mig: *Vem sa att du ska åka till Barbados? Du är i Barbados! Du kan inte diskutera HUR du ska åka till Barbados när du redan ÄR i Barbados!* Sedan gick han rakt till sitt rum och smällde igen dörren i mitt ansikte, vilket inte var en inbjudan att följa med honom... Om du kände honom, så var det så han lärde mig.

Jag måste somna som om jag är i Barbados. Och när jag gick och la mig, även om jag var i New York, antog jag att jag faktiskt var i Barbados, och såg New York inte under mig, utan över 3000 km norr om mig. Inom 48 timmar efter det fann jag ett brev under min dörr från min bror Victor. Och i det brevet bifogade han en liten check på 50 dollar, tillsammans med meddelandet: *Jag har bett ångfartygsbolaget, Furness Withy Company, att utfärda en biljett åt dig och ta betalt från mig. De femtio dollarna är bara om du behöver något litet som en kostym.*

På den tiden kunde man köpa en kostym för tolv dollar, en ganska fin kostym. Man kunde köpa ett par skor för 3,50 eller 4 dollar, men han säger: *De femtio dollar är för allt du kan tänkas behöva för att komma ombord på fartyget. Men skriv under räkningarna och jag ska möta upp dig på fartyget och betala för alla kostnader och alla dricks. Så, det är inte för dricks ovanpå fartyget.*

Jag gick till platsen och berättade för dem vad mitt brev sa. Jag läste upp mitt brev till dem. De sa: *Herr Goddard, vi har bara tredjeklass från och med nu, men när vi kommer till Saint Thomas, Jungfruöarna, kan du få förstaklass eftersom någon stiger av i Saint Thomas.*

Jag accepterade det. Jag gick tillbaka till min vän Abdullah och sa till honom: *Ab, det fungerade. Jag åker den 6 december, men jag måste åka tredjeklass tills vi når Saint Thomas och sedan åka förstaklass till Barbados.*

Vet ni vad han sa till mig? Han sa: *Vem pratar om att åka till Barbados? Du har redan åkt till Barbados, och du åkte förstaklass!* Vad ska man göra med en man som honom?

Direkt på morgonen den 6:e gick jag till båten, förväntade mig att åka tredjeklass till Jungfruöarna, när mannen sa till mig: *Herr Goddard, vi har en trevlig överraskning för dig. Vi hade en avbokning och nu ska du åka förstaklass.*

Han [Abdullah] var inte förvånad. Jag skulle inte ens ringa honom för att berätta det, eftersom det inte fanns något annat alternativ för honom ändå. Han försökte lära mig en läxa. [...]"[9]

_____

Abdullah lärde Neville Goddard olika manifestationstekniker, men framför allt Kybalion: läror från Hermes Trismegistus! Dessa principer är grunden för manifestation, regelbundenheterna i denna så kallade verklighet.

_____

[9] tinyurl.com/AbdullahLesson

Kapitel 2.4 - De 7 Hermetiska principerna i Kybalion

Lärdomarna från Hermes Trismegistus[10], som är förmedlaren av de Hermetiska Principerna, har enligt tradition funnits sedan universums början och därmed även mänsklighetens. De utgör de grundläggande lagarna som påverkar hela universum.

Boken *Kybalion*[11] innehåller dessa 7 principer. De är orsaken till varje manifestation och fungerar som vägledning för att bättre förstå vissa saker. Låt oss titta närmare på alla 7 Hermetiska Principer och deras verkningsmekanismer:

---

[10] tinyurl.com/HermesTrismegistus
[11] amzn.to/41eAU3k

De 7 Hermetiska Principerna: [12]

1. **Principen om andlighet:**
   Universum är ande, människan är ande. <u>Allt är medvetande!</u>

2. **Korrespondensprincipen:**
   Såsom ovan så ock i nedan, och såsom i nedan så ock i ovan. Mikrokosmos speglar makrokosmos. <u>Det som finns inom finns även utom!</u>

3. **Principen om vibration:**
   Ingenting är i vila, allt rör sig. <u>Allt vibrerar och kan modelleras när som helst!</u>

4. **Principen om polaritet:**
   Allt har två sidor. Rätt eller fel. Bra eller dåligt. <u>Det är två sidor av samma mynt!</u>

5. **Principen om rytm (flöde):**
   Allt flyter, allt har sitt tidvatten. <u>Rytm och cykler skapar balans och rörelse!</u>

6. **Principen om orsak och verkan:**
   Varje orsak har sin verkan, varje verkan har sin orsak. <u>Det finns inga sammanträffanden!</u>

7. **Principen om kön:**
   Allt har två poler. Allt bär manliga och kvinnliga principer. <u>Allt ger och tar emot!</u>

---

[12] tinyurl.com/HermeticPrinciples

Den ursprungliga översättningen hade vissa fel, eftersom den fjärde principen faktiskt borde kallas:

4. Principen om ~~Polaritet~~ Dualitet:
Allt har två sidor. Rätt eller fel. Bra eller dåligt. Det är två sidor av samma mynt!

Allt har två sidor - dock endast från observatörens synvinkel. Sanningen är att det alltid är samma mynt. Perspektivet på observationen är varierande.

Dessutom borde den sjunde principen faktiskt vara:

7. Principen om ~~Kön~~ Polaritet:
Allt har två poler. Allt bär manliga och kvinnliga principer. Allt ger och tar emot! Allt bär två poler, även myntet.

Anledningen är att polaritet och dualitet inte är synonymer. Polaritet är komplementärt och ömsesidigt beroende.

Däremot existerar dualitet endast från observatörens synvinkel och är därför motsägelsefull. Följande exempel förklarar tanken.

Polaritet: manlig och kvinnlig, hjärta och sinne, elektrisk och magnetisk, plus och minus

Dualitet: rätt eller fel, ja eller nej, gott eller ont, partiklar eller vågor

Polaritet är objektiv och oumbärlig (plus och minus). Dualitet är subjektivt och tillåter endast en sida (rätt eller fel) beroende på medvetandetillståndet.

Balansen mellan två poler kallas också *sammanhang* eller *nollpunkt*. Det är där *ALLT ÄR MÖJLIGT!* Den fulla potentialen kan utvecklas. Sådana tillstånd kan uppnås genom sammanhanget mellan hjärta och sinne.[13] Det vill säga en balanserad eller förenad samverkan mellan tänkande och känsla. Oftast uppstår detta sammanhang i ögonblick av lycka.

Polaritet

Sammanhang/Nollpunkt

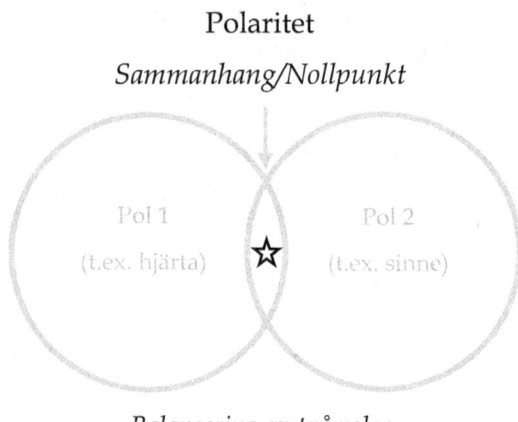

Balansering av två poler
= full potential

För människor innebär balansen av dualitet en utvidgad syn på saker och ting; ett medvetandetillstånd som tydligt kan se sanningen. Utan ja eller nej, rätt eller fel, gott eller ont. Allt som existerar har *lika vikt* och *värde*, men vi värderar och bedömer annorlunda genom vår tolkning, istället för att se myntet som det

---

[13] HeartMath Institute - heartmath.org

är - neutralt! För endast i helhet kan vi upptäcka sanningen!

> Försök att se till att ovanstående information är tydligt definierad för dig om du vill hantera detta eller ett liknande ämne i framtiden. Annars måste du anta att informationen kommer från ett medvetandetillstånd som inte känner till eller förstår dessa grundläggande principer.

Om detta är helt nytt för dig, men det låter helt logiskt, kanske du undrar varför du aldrig har hört talas om Hermetiska principer tidigare. Den goda nyheten är: Det är inte nödvändigt att känna till de hermetiska principerna för att manifestera, eftersom vi manifesterar hela tiden, även nu i detta ögonblick. Men många av oss manifesterar mestadels omedvetet. Att bemästra manifestation innebär att manifestera medvetet, att medvetet tillämpa lagen om antagandet och därigenom uppfylla våra önskningar. Kunskap om de hermetiska principerna behövs för att fullt ut bemästra grunderna för manifestation. Det behövs för att manifestera större önskningar och för att bibehålla det önskade tillståndet under en mycket lång tid - särskilt över perioder som sträcker sig över flera generationer.

Nu, något som kanske överraskar dig: Sådana medvetna manifestationer har gjorts genom historien, vissa under flera århundraden och andra under årtusenden. Det finns grupper som försöker upprätthålla sådana manifestationer och inte vill att människor ska känna till kraften som finns inom oss, än mindre hur man tillämpar den. De tror att desto mindre människor känner till det, desto mindre påverkas deras manifestationer. Lyckligtvis har många grupper som prästerskap, brödraskap eller hemliga sällskap denna kunskap. Vissa av dessa vill hålla den hemlig till varje pris, medan andra villigt sprider den till vanliga människor.

Abdullah till exempel fick denna kunskap från en grupp judiska rabbiner, ett prästerskap. De har arbetat för att göra kunskapen om våra medfödda krafter tillgängliga igen för mänskligheten. Varför *igen*? Eftersom det fanns en tid då detta var allmän kunskap för alla. Det fanns en tid då alla visste om manifestation och hur vår verklighet var konstruerad. Men av olika skäl glömdes denna kunskap bort och gömdes! Denna omständighet var anledningen till Abdullahs handlingar såväl som Neville Goddards handlingar. Det är också anledningen till varför David och jag gör det vi gör just nu. Anledningen till att föra vidare denna kunskap ut i världen är och har alltid varit densamma:

När människan börjar upptäcka denna kraft inom sig spelar han aldrig mer den roll som han tidigare spelade. Han vänder inte tillbaka och blir bara en åskådare av livet; från och med nu är han påverkaren av livet.

—

Neville Lancelot Goddard

Ju snabbare vi tar tillbaka ansvaret från den yttre världen till oss själva och den inre världen, desto snabbare skapar vi en värld där vi upplever fred, lycka och mirakel!

Kapitel 3 - De vetenskapliga och andliga aspekterna av lagen om antagandet

Efter de historiska insikterna kommer vi att titta på de vetenskapliga och andliga aspekterna i följande avsnitt. Dessa förklarar de Hermetiska principerna på en djupare nivå och varför manifestation fungerar överhuvudtaget.

När det gäller de vetenskapliga aspekterna blir det ganska galna saker. Och med de andliga ämnena kan du känna ett visst motstånd inom dig.

Trots detta är min rekommendation att läsa vidare och låta allt sjunka in för tillfället. Längre in i boken kommer du tydligt att kunna känna igen tråden och betydelsen i manifestationsteknikerna.

Kapitel 3.1 - De vetenskapliga aspekterna av manifestation med lagen om antagandet

Låt oss lägga grunden för hur verkligheten skapas och hur vi därigenom antar tillståndet av vår önskade verklighet. Detta kommer att visa dig varför och hur lagen om antagandet, som definierat av Neville Goddard, fungerar.

Vi fokuserar främst på tre olika vetenskapliga områden som kompletterar varandra:

- kvantfysiska effekter

- elektromagnetiska fält

- Nikola Teslas I[3]

Om du aldrig har hört talas om *Nikola Teslas I*[3] tidigare, beror det på att det ännu inte har publicerats i någon känd vetenskaplig skrift.

Om du vill veta universums hemligheter, tänk i termer av frekvens, vibration och energi.

—

Nikola Tesla

Du kommer att lära dig innebörden av detta citat och den vetenskapliga aspekten som rör lagen om antagandet vid ett senare skede. Först vill jag dock dyka ner i skillnaden och effekterna av objektiv verklighet och subjektiv verklighet, vilket leder oss till ämnet konstruktivism. Idag representerar konstruktivismen två huvudriktningar. En riktning beskriver det så här:

Det finns bara EN verklighet, som är objektiv och därmed oberoende av oss alla och vetenskapligt mätbar. Men: Den individuella uppfattningen av denna verklighet skapar en subjektiv verklighet för var och en av oss och varierar därefter.

Den andra riktningen beskriver konstruktivismen så här: Vår subjektiva verklighet, det vill säga vår uppfattning, är ansvarig för att skapa vår objektiva verklighet.

I grunden är båda riktningarna bara två sidor av samma mynt. Om vi greppar teorin i dess helhet ser det ut så här:

- Verkligheten är objektiv och kan mätas vetenskapligt. Men det finns otaliga parallella verkligheter, också kallade rum-tidsdimensioner, som existerar samtidigt.

- Vår subjektiva verklighet, alltså vår uppfattning, formar inte den objektiva sanningen, för den är oberoende av oss. Men vår uppfattning låter oss byta mellan rum-tidsdimensionerna, alltså objektiva verkligheter! Det är jämförbart - enkelt uttryckt - med en optisk illusion. Ofta finner vi det utmanande att upptäcka en andra bild i vår första tolkning av den. Men när den väl avslöjar sig, kan vi inte längre blunda för den. Bilden i sig har inte förändrats, men vår uppfattning har.

- Vi kan inte manipulera eller forma den objektiva verkligheten, men vi kan ändra vår subjektiva verklighet.

- Genom att ändra vår subjektiva verklighet leder vi till en förändring av vårt medvetandetillstånd. Detta gör det sedan möjligt för oss att anta ett medvetandetillstånd i en objektiv verklighet som existerar parallellt med oss, vilket gör att vi byter till denna rum-tidsdimension. Det kan låta som science fiction, men det är ganska enkelt.

Denna sammanslagning av konstruktivism är avgörande för att förstå betydelsen av manifestation och hur det fungerar. Det kommer också att hjälpa dig att förstå kvantfysiska effekter som vi kommer att undersöka i nästa avsnitt.[14]

---

[14] tinyurl.com/QuantumPhysical

Kapitel 3.2 - Dubbelspaltsexperimentet och vetenskapens förbluffning

Dubbelspaltsexperimentet[15] gick till så här: Först ställde forskare upp en skärm med två parallella, vertikala spalter i mitten av ett rum. Sedan ställde de upp en partikelaccelerator i ena änden av rummet för att skicka elektroner genom dessa spalter till den andra änden av rummet.

Resultatet: Efter skickandet visade väggen två parallella, vertikala ränder av elektroner - under hela mätningens varaktighet, det vill säga observationen av experimentet.

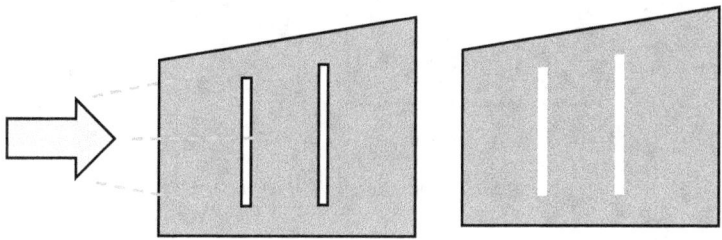

Dubbelspaltsexperimentet med mätning

I fall att du undrar vad som är så speciellt med detta: Det *otroliga* är ändå att komma. Det tidigare resultatet var helt logiskt - om vi ersatte partikelacceleratorn med en vattenpistol skulle vi se två vertikala ränder av vatten på väggen istället för två vertikala ränder av elektroner. Det spännande är följande:

---

[15] tinyurl.com/DoubleExperiment

Forskarna upprepade experimentet på många olika sätt. I en av dessa variationer genomfördes experimentet oobserverat. Det betyder att det inte fanns någon mätutrustning eller person i rummet för att observera och bekräfta resultatet. När forskarna återvände till rummet efter att elektronerna hade skickats ut, fann de *flera* vertikala ränder på väggen, även mitt i och utanför det förväntade området.

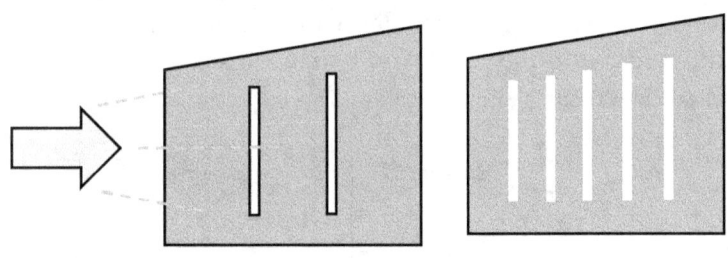

Dubbelspaltsexperimentet utan mätning

För vetenskapen var resultatet av detta experiment otroligt. De gjorde det upprepade gånger, men resultatet förblev detsamma:

- Med mätning, två vertikala ränder

- Utan mätning, flera vertikala ränder

Så vad händer här? Elektroner befinner sig i en så kallad *överlappning* utan observation - de har flera olika tillstånd samtidigt. De är både vågor och partiklar samtidigt. Kort sagt: Utan observation finns det ingen dualistisk stämpel. Utan mätning eller observationer i rymden finns det ingen medvetenhet som bär verkligheten att elektronerna är partiklar. Resultatet är därmed öppet och inte förutsägbart. Vi kan också säga: *Guds vägar är outgrundliga!*

Det faktum att denna tolkning inte är rent baserad på religion och tro kommer att vara relevant när vi kommer till manifestationsteknikerna. Sättet en manifestation visas på utsidan kan inte observeras. Vi vet inte *HUR* och *VARFÖR* saker plötsligt uppstår, och det är precis tricket! Eftersom om vi kunde observera vägen mot manifestationen, då skulle det outgrundliga inte kunna utföra sin uppenbara magi. Elektronerna skulle fortsätta vara partiklar istället för att ha alla möjliga tillstånd, vara partiklar och vågor samtidigt.

Vad vetenskapen ansåg vara otroligt, bekräftade den första och tredje principen av Hermetiska principerna.

1. **Principen om andlighet:**
   Universum är ande; människan är ande. Allt är medvetande!

Relaterat till dubbelspaltsexperimentet betyder detta: Vi är medvetande när vi observerar, uppfattar och tolkar.

Vårt medvetande interagerar med den yttre världen, vilket är inget annat än en projicering av vårt medvetande. Vi kommer att gå in på detta mer detaljerat senare.

3. **Principen om vibration:**
   Ingenting är i vila, allt rör sig. Allt vibrerar och kan modelleras när som helst!

Relaterat till dubbelspaltsexperimentet betyder detta: även om det kan verka omöjligt - allt är i vibration och kan modelleras av vårt medvetandetillstånd när som helst. Vi påverkar den yttre världen med vår uppfattning. Sättet vi uppfattar det på gör all skillnad. Vi påverkar resultatet genom vårt medvetandetillstånd. Detta innebär att vi kan bestämma vårt öde genom vår tolkning, alltså vår sinnesstämning, tankar och känslor! Om vi ändrar vår uppfattning, alltså våra tankar och därmed våra känslor, ändrar vi vårt öde! Världen är en plats full av tillstånd och dessa tillstånd kan ändras om vi ändrar våra egna tillstånd (av medvetande).

Varför tror du att även det tyska förbundsministeriet för utbildning och forskning påpekade den starka effekten[16] av placeboeffekten[17] redan 2006? Varje läkemedel fungerar starkare eftersom vi tror på det och antas veta att det fungerar. Varje placeboläkemedel fungerar om vi är fast *övertygade* om att det fungerar. Detta går så långt att i så kallad skenkirurgi, där man bara gör ett litet snitt och berättar för patienten efter bedövningen att operationen var framgångsrik, var framgångsgraden i studier lika hög som vid faktiska operationer.[18]

Ett liknande exempel är den psykosomatiska effekten[19]. Här blir det också tydligt hur vårt medvetande påverkar den yttre världen, i detta fall vår kropp. Vi

---

[16] tinyurl.com/PowerPlacebo
[17] tinyurl.com/PlaceboReal
[18] tinyurl.com/FakeSurgery
[19] tinyurl.com/PsychosomaticMedicine

skapar resultatet genom vårt medvetandetillstånd, genom våra antaganden. Genom allt vi *tror*, antas *veta*, är *övertygade om* och därigenom *tänker* och *känner*.

Dr Ulrich Warnke, akademisk seniorkonsult vid Saarland University i Tyskland, klargjorde interaktionen mellan vårt medvetande och vår yttre värld från kvantfysikens synvinkel[20]. Hans huvudfokus var effekten av elektromagnetiska svängningar och fält på organismer. Idag är han specialiserad på interaktionen mellan medvetande och kvantfält.

I en intervju med Werner Huemer förklarar Warnke bland annat hur tankar och känslor kan påverka fysiskt välbefinnande och hur vårt medvetande drar information och energi från kvantfältet.[21]

Teorin är: Sinnet kontrollerar materia hela tiden. Till exempel pratar vi genom muskelrörelser, vilka i sin tur kontrolleras av neuronala aktionspotentialer. Dessa utlöses av spänningsförändringar i transmembranproteiner, som är molekyler. Sett från startpunkten måste du komma in i dessa molekyler med ande eller vilja för att sätta allting i rörelse.

Vi kan också säga: Sinnet kontrollerar muskelrörelser, och känslor är strömbrytarna som ändrar molekylära bindningar och strukturer i kroppen. Molekyler består av atomer, som har en atomisk elektronskal. Elektroner har ett vridmoment eller spinn som

---

[20] tinyurl.com/DrWarnke

[21] tinyurl.com/QuantumfieldTheory

kan ändras genom medvetande. En elektron blir därmed en positron.

Så om det finns visshet i medvetandet genom känslor som självförtroende, kan det hämta önskad information eller energi. Teorin är därför att känslor specifikt kan stödja vår hälsa, som placeboeffekten visar. Förutom medicin kan till exempel tro på läkaren eller läkaren utlösa läkning. Det viktiga är att vara självsäker och inte ha några tvivel.

Steget in i kvantfysik höjer också frågan om vad som exakt händer inom molekylen. All materia består av massor, elektroner och atomkärnor - primärsubstansen i materia. Mellan atomkärnan och elektronen finns ett utrymme som är *enormt* i relation; om kärnan i en väteatom hade storleken av en fotboll skulle den nästa elektronen vara mer än 6 mil bort. Med tanke på hur många molekyler vi består av är det mycket vakuum!

Den tyska astrofysikern Harald Lesch[22] beskrev förhållandet mellan kärnan i en heliumatom som följer: "Om Allianz Arena i München var en heliumatom, skulle en heliumkärna vara ett litet korn av ris! Det skulle vara skalan av en heliumatoms kärna."

Det finns en modell inom kvantfysik som handlar precis om detta *vakuum*. Tanken är att detta utrymme är fullt av energi och information - ett hav av möjligheter. Dr. Ulrich Warnkes förkortade version av detta säger:

---

[22] tinyurl.com/LeschHarald

"Om vi fiskar upp en möjlighet från detta hav av alla möj-
ligheter [kvantfält] och har identifierat detta med sinne och
mening [alltså tolkat], då uppstår en partikel. Den blir in-
formation så snart vi identifierar [accepterar] den. Inform-
ation måste identifieras, annars skulle det inte vara in-
formation.

Vi kallar dessa partiklar kvanta, vare sig det är en foton
eller en gluon, det finns många partiklar. Och sedan över-
förs krafter [energi] och verkligheten uppstår. Detta fun-
gerar inte bara med en enskild kvant, utan också med
mönster av kvanta. Här är en annan viktig sak: Detta va-
kuum i oss, det vill säga havet av alla möjligheter - om du
tar ut det och lämnar bara vår kropp, skulle det vara ca 20
mikrometer kvar av oss."

Du skulle behöva ett mikroskop för att söka efter oss. Ändå
behåller vi överskottsvikten eftersom massorna fortfarande
finns inuti. Men detta vakuum rinner nu över i detta ut-
rymme, detta utrymme rinner över i jordens atmosfär, in i
kosmos, in i hela universum. Och detta hela utrymme av
universum, inklusive mitt inre utrymme [inre värld], är
identiskt med havet av alla möjligheter [kvantfält]. När jag
skiftar något till verkligheten, registreras det av denna så
kallade minnesplatta [havet av alla möjligheter]. [...]

Alla dessa mönster stannar kvar. Vi kallar denna modell
för en mönsterordning av Higgs-partiklar. Vi kan tänka
oss att Higgs-partiklarna representerar denna informat-
ion. Och vad jag än sparar här, här och nu, sprids omedel-
bart eftersom det inte finns någon tid; det finns inga mas-
sor i detta utrymme.

[Det sprider sig] kvasi-ögonblickligen till hela universum.
Och på vilken plats som helst i universum kan jag ta ut
denna information och köra tillbaka den till krafter igen.

Enligt denna teori är tanken - eller mer exakt dess tolkning - utlösaren. Så till exempel är evolution målinriktad i den meningen att du först tänker på ett mål [föreställer dig slutet], vilket sedan börjar konstruera mekanismerna mot det [HUR utvecklas].

Idén lagras. Men lagringsmediet, havet av alla möjligheter, känner ingen tid i vår mänskliga bemärkelse; allt är tillgängligt samtidigt. Det är därför människans ansvar att bestämma VAD som lagras på mediet, det vill säga vilka tankar och känslor vi värderar. Våra tolkningar.

The Global Consciousness Project[23] fungerar som ett experiment i detta sammanhang. Dr Ulrich Warnke talar vidare om antagandet att vi alla är en del av ett universellt medvetande [Guds medvetande] som använder samma mekanismer som varje individ. Det sägs vara bortom oss och kontrollera oss, men ändå är vi en del av det.

Genom den socialt accepterade tekniken för meditation, där det logiska blandas ut och den emotionella världen aktiveras, närmar vi oss mer och mer - enligt teorin av Dr Ulrich Warnke - den imaginära handlingen som utövades av Neville Goddard. I ett tillstånd av meditation får vi information som vi inte kan tänka på just nu; och genom att använda den imaginära handlingen, enligt Neville Goddard, kan vi föra det önskade tillståndet till vår verklighet.

---

[23] tinyurl.com/GlobalConsciousnessProject

Således för vi något från havet av alla möjligheter inom oss som redan är lagrat i det kollektiva medvetandet, dvs. minnesdisken, kvantfältet.

Viktigt: Information och energier är helt enkelt tillstånd. Tolkningsprocessen är nyckeln till manifestation! Tolkningsprocessen är den delen av medvetandet som framkallar det önskade tillståndet.

Vägen mot manifestationen:

Medvetenhet

↓

Tolkning

↓

Subjektiv verklighet

↓

Övertygelse

↓

Objektiv verklighet

Andra aspekter av kvantfysik kring dessa ämnen inkluderar:

- **Heisenbergs osäkerhetsprincip:** Vakuumfluktuationer visar att partiklar kan skapas praktiskt taget från ingenting.

- **Superposition:** Partiklar och till och med hela molekyler kan existera på två platser samtidigt.

- **Kvantsammanflätning:** Partiklar på olika platser kan bete sig på exakt samma sätt.

Ur en vetenskaplig synvinkel består allt som existerar av dessa kvantpartiklar, inklusive oss själva. Detta är den andra hermetiska principen.

2. **Korrespondensprincipen:**
   Såsom ovan så ock i nedan, och såsom i nedan så ock i ovan. Mikrokosmos speglar makrokosmos. Det som finns inom finns även utom!

Mikrokosmos speglar makrokosmos. [24]

Med andra ord: Vi kan utföra alla dessa magiska tillstånd som kvantpartiklarna utför. Speciellt genom den sista punkten, kvantsammanflätning, visar kvantfysiken att vi alla är sammankopplade med varandra på den djupaste nivån. Detta resulterar i att när vårt eget (medvetande) tillstånd förändras, förändras alla andra tillstånd automatiskt också! Detta

---

[24] tinyurl.com/MicrocosmMacrocosm

är principen om överensstämmelse: Det som finns inom finns även utom!

En annan aspekt av kvantfysiken, som Stephen Hawking forskade om fram till strax före sin död, är parallella universum eller rum-tidsdimensioner.[25] Långt ifrån fiktion är denna aspekt mycket spännande eftersom den förklarar manifestation bättre än du kanske tror:

- Du och jag existerar i alla tänkbara och otänkbara versioner av oss själva.

- Varje medvetandetillstånd som vi vill anta existerar redan. Varje önskan som vi vill se uppfylld, är redan uppfylld - nämligen i en eller annan version av oss själva, som redan existerar parallellt med oss här och nu.

- Parallella universum överlappar varandra. Genom manifestationens handling, lagen om antagandet, kan vi byta mellan dessa parallella universum. Vi antar tillståndet i den önskade rum-tidsdimension och får därmed deras verklighet! Vi är därmed mångdimensionella och har förmågan att vara alla och varje version av oss själva - genom våra känslor, vårt antagande, vår känsla av livet.

---

[25] tinyurl.com/InfiniteParallelUniverses

- Alla versioner av oss själva existerar redan. Ingenting skapas på nytt. Allt som varit, är och kommer att vara, har funnits för evigt, också våra önskade tillstånd. All skapelse är perfekt och kompletterande i sig själv! Ingenting raderas någonsin och ingenting läggs någonsin till.

Stephen Hawking var väl medveten om detta. Han insåg att flera Hawkings, flera versioner av honom själv, existerade parallellt med honom och att han fortsatte att existera även efter sin död.

Är det inte galet? Och jag lovar dig, det blir ännu galnare!

Kapitel 3.3 - Nikola Teslas I³

Nikola Tesla trodde att universum - allt som existerar - kunde förstås genom att tänka i termer av *frekvens, vibration* och *energi*. Men vad har den här mannen, som är ansvarig för vår nuvarande växelström[26], att göra med Neville Goddard och lagen om antagandet?

Exemplet med en FM-radio tjänar detta syfte. Jämfört med digitala radioapparater som ofta används idag fungerar FM-radio genom ultrakorta vågor, eller med andra ord elektromagnetiska vågor med en definierad våglängd. Frekvensen anger antalet svängningar, det vill säga måttet på hur snabbt överföringarna följer på varandra. Den bestämmer signalen och överför därmed informationen. Vibrationen är ansvarig för kvaliteten på informationsinmatningen och därmed för tolkningen. Den respektive energin förstärker eller minskar intensiteten på signalen. Relaterat till Tesla's I³ och manifestation, får vi följande:

- **Frekvens** = Information (I^1)
  Vad fokuserar vi på just nu?
  Exempel: Vi uppfattar en låt på radion!

- **Vibration** = Tolkning (I^2)
  Vad tänker och känner vi om det?
  Exempel: Låten på radion känns bra!

- **Energi** = Intensitet (I^3)
  Hur långa och starka är våra tankar och känslor?
  Exempel: Vi nynnar med och dröjer oss kvar i låten!

---

[26] tinyurl.com/NikolaTeslaInventor

Låt oss lägga till ett negativt exempel: låten *Last Christmas* av *Wham!* Varje år runt jul rullar George Michaels fängslande melodi upp och ner på radion - till mångas förtret som sedan länge har tröttnat på den. I termer av Tesla's I^3 betyder detta:

Information (I^1): När vi hör låten, det vill säga när vi fokuserar på den, ryser de flesta av oss.

Tolkning (I^2): Med detta tolkar vi den i våra tankar och känslor. I det här exemplet som något negativt.

Intensitet (I^3): Beroende på hur länge vi skulle lyssna på låten eller bära den i våra tankar (och därmed i våra känslor) och avvisa den, desto mer intensivt förstärker vi denna negativa tolkning och ökar intensiteten.

Härmed bekräftar vi den fjärde Hermetiska principen:

4. Principen om dualitet:
Allt har två sidor. Rätt eller fel. Bra eller dåligt. Det är två sidor av samma mynt!

Informationen är neutral och förblir alltid densamma. Det är bara vår *tolkning* som varierar och ger en dualistisk prägel. Fördelen är att vi när som helst kan välja prägeln och därmed ändra kvaliteten på informationen.

*Hela universum är inget annat än en gigantisk proji-
ceringsduk[27], för att projicera vår inre värld i den
yttre världen.*

*Vår inre värld är vårt medvetandetillstånd som är
summan av vår tro, vår kunskap, våra övertygelser
och motsvarande tankar och känslor - och därmed helt
under vår kontroll. Detta är hemligheten bakom varje
manifestation och den andra hermetiska principen -
det som inom finns även utom!*

Om intensiteten i våra tankar och särskilt våra käns-
lor är tillräckligt starka eller långvariga, formar vårt
inre jag sig efter det och återspeglar en situation i li-
vet som har potential att generera liknande tankar
och känslor.

Det är dock *ENDAST* en potential, för vi är aldrig
underordnade våra yttre omständigheter. Vi är inte
övergivna till våra tankar och känslor, de formar oss
inte. Vi kan kontrollera och styra dem. I det ögon-
blick vi blir medvetna om detta befriar vi oss själva
och bestämmer oss för ett önskat (medvetet) till-
stånd. Du är kontrollanten. När som helst är du fri
att bestämma hur länge du vill stanna i ett visst
medvetandetillstånd. Vi kan besluta på nytt i varje
situation och därmed tolka och skapa nya omstän-
digheter, som manifesterar sig i den yttre världen.

För att illustrera detta kan vi tänka oss hela univer-
sum som en gigantisk kopieringsmaskin. Beroende
på hur intensivt eller länge vi vårdar specifika tankar
och känslor (tolkning I^2), så finns det förr eller senare

---

[27] tinyurl.com/AllegoryCavePlato

tillräckligt med tanke-känsla-material (intensitet I^3) för att ta emot en manifestation (information I^1) - eller en utskriven sida i denna metafor.

Dessutom kommer detta att återspeglas i vårt liv. När vi tolkar positivt, skapar vi också material för att skapa positiva omständigheter externt; det vill säga, vi skriver ut en vacker berättelse.

Vi människor tänker alltför ofta på vårt humör som en effekt och inte tillräckligt som en orsak.

—

Neville Goddard

I korthet: Om vi tänker och känner positivt, som om vår önskan redan har uppfyllts, kommer positiva saker att hända oss och verkligen uppfylla våra önskningar. Som det står skrivet i Bibeln: "Ty var och en som har, åt honom skall varda givet, så att han får över nog; men den som icke har, från honom skall tagas också det han har!"[28]

Vi får aldrig det vi vill, utan vad vi ÄR! Vi får vad vi tror om oss själva, vad vi vet och vad vi är övertygade om! Vi återspeglar vår självbild.

Har du tankar och känslor av brist och undviker därför att ge för mycket, eftersom du är rädd för att inte ha tillräckligt själv i slutändan? Detta tanke-känsla-material gör att kopieringsmaskinen skapar

---

[28] Matteusevangeliet 25:29 - biblehub.com/matthew/25-29.htm

omständigheter i ditt liv som uttrycker just det: att du har för lite.

Har du tankar och känslor av överflöd och är tacksam för att ge och dela, eftersom du har tillräckligt? I det här fallet kommer kopieringsmaskinen att skapa omständigheter i ditt liv där du alltid har tillräckligt.

Om du känner rädsla för att du antar att något dåligt är på väg att hända, och du kan känna denna rädsla genom hela din kropp, förvänta dig då att det ska manifesteras. Faktum är att det kommer att manifesteras mycket snabbt, eftersom de ögonblicken skapar en enorm mängd (negativt) tanke-känsla-material för kopieringsmaskinen. För att undvika negativa manifestationer gör du följande: Ändra ditt medvetande-tillstånd!

Du gör detta genom att föreställa dig det motsatta tillståndet, genom att använda en imaginär handling, och känna denna fantasi så intensivt som möjligt - som om det redan vore verkligt! Upplev det med alla dina sinnen. Du ger därmed kopieringsmaskinen det nödvändiga materialet för din motsatta manifestation.

När tankar konkurrerar med känslor vinner de senare alltid eftersom varje känsla bär en mycket högre intensitet än en tanke.

Kom ihåg: Du är ren medvetenhet! Ditt sinne, dina tankar och de resulterande känslorna är dina verktyg. Använd dessa verktyg för att skapa vackra saker för dig själv.

Med manifestationsteknikerna som beskrivs här och lite träning kan du stoppa omedvetna, ogynnsamma manifestationer och styra ditt liv mot önskade vägar.

Detta leder oss till den sjätte Hermetiska principen.

6. Principen om orsak och verkan:
Varje orsak har sin verkan; varje verkan har sin orsak. Det finns inga sammanträffanden!

När vi helt och hållet internaliserar denna princip tar vi äntligen en aktiv roll i våra liv. Vi tar ansvar för våra omständigheter, men samtidigt har vi full kontroll för att omforma dem. Från den här punkten kan vi medvetet sätta orsaker. Vi återskapar *medvetet istället för att omedvetet reagera*! Eftersom varje situation som vi observerar och upplever i den yttre världen orsakades av vårt medvetandetillstånd! Av våra antaganden! Av allt vi tror, tänker och känner.

Med denna kunskap kan vi medvetet sätta de önskvärda orsakerna som visas som önskade effekter i vår yttre värld. Kom ihåg dessa tre punkter för följande manifestationstekniker:

Vi siktar med vårt fokus! (I^1)

Vilken information är du medveten om just nu?

Allt som vi upplever, inklusive vår fantasi, vår imaginära handling själv, är information.

Vi speglar våra tankar och särskilt våra känslor! (I^2)

Vad är tolkningen av din uppfattning?

Våra tankar och känslor medan vi uppfattar den yttre världen eller den imaginära handlingen är vår tolkning.

Intensitet är drivkraften! (I^3)

Hur intensiva är dina tankar och känslor när du uppfattar och tolkar?

Intensiteten bestämmer hur verklig och äkta den imaginära handlingen[29] känns för oss.

Teslas I^3 representerar samspelet av uppfattning som skapar vår verklighet. De får oss att förändras till den önskade verkligheten genom att skifta våra medvetandetillstånd.

---

[29] Den imaginära handlingen syftar på en mental bild som du upplever med en eller flera av dina imaginära sinnen.

Kapitel 3.4 – Hur är elektromagnetiska fält relaterade till lagen om antagandet?

Här kommer den sjunde hermetiska principen in i spel:

7. Principen om polaritet:
Allt har två poler. Allt bär på manliga och kvinnliga principer. Allting ger och tar emot!

Vi människor har också två poler i kroppen, även flera gånger om. Dessa poler genererar elektriska, magnetiska och elektromagnetiska fält som ständigt *tar emot* och *sänder*. Detta gör det möjligt för oss att överföra information via sinnet (*elektriskt*), hjärtat (*magnetiskt*) eller båda tillsammans (*elektromagnetiskt*). Nuvarande forskning föreslår att vår hjärna genererar ett fält på upp till 3 meter, medan vårt hjärta genererar ett fält på upp till 300 meter.[30]

Känslorna är hemligheten!

Det finns ingen större kraft som vi kan använda som människor än våra känslor. Vårt sinne, vårt mentala fokus, den imaginära handlingen tjänar främst till att rikta in och utlösa känslor - men vi manifesterar genom hjärtats styrka, genom känslan av säkerhet.

Ju intensivare våra känslor är, desto starkare och bredare bildas vårt fält. Det är känt att detta fält som omger oss också påverkar människorna i vår omedelbara omgivning. Så informationen och energin om ditt medvetandetillstånd spiller också över i din

---

[30] Du hittar mätningarna för detta på HeartMath Institute: heartmath.org

omedelbara omgivningens fält. Detta beror på att alla fält är sammanlänkade och kommunicerar med varandra. Här är ett exempel:

Om en person skulle gå vilse i den djupaste isen, till exempel i Antarktis, skulle personen ändå inte vara avskuren från andra människor. Hans elektromagnetiska fält, som överför och tar emot information och energier, skulle fortfarande vara anslutet till allt som finns - inte för att hans fält når så långt, utan för att han kan överföra och ta emot sin information genom underordnade och överordnade fält. För oss människor är ett av dessa överordnade fält jordens magnetfält. Genom detta skulle det vara möjligt att ropa på hjälp.

Till exempel kan den vilsekomna personen tänka på en nära vän och ropa på hjälp med en intensiv känsla. Den vännen kommer att registrera det, men kanske inte svara. Hur ofta ignorerar vi inte våra impulser, oavsett var de kommer ifrån? Men det finns också tusentals erfarenheter av människor i farliga situationer där släktingar kände och reagerade på ropen.

Dessa magnetfält visar en särskilt hög interaktion i fall där människor är starkt sammankopplade på hjärtnivå, till exempel mammor och deras barn, familjemedlemmar eller människor som är väldigt kära.

Alla fält sträcker sig över hela universum. Solfältet omger alla planeter i vårt solsystem. Det svarta hålets fält i mitten av Vintergatan omger den. Även rumtidsdimensioner, alltså parallella universum, innehåller dessa fält.

Vad vi generellt definierar som första avsikt är den överförda informationen från fält - praktiskt taget den ursprungliga versionen utan våra kompletterande tankar. Så länge vi inte dekonstruerar denna information kan vi acceptera den som sann. Så: Lita på din första impuls.

Men hur kan vi befria den strandsatta personen? Genom akten av manifestation! För detta är också information som överförs över alla fält samtidigt och mobiliserar därmed allt som behövs för att visa sig på utsidan. Om personen som fastnat i isen föreställde sig själv sittande hemma i värmen igen, och intensivt *kände* denna fantasi som verklig och dröjde kvar i den, skulle detta leda till ett antaget mirakel, alltså räddningen av den nämnda personen. Kom ihåg: Det som finns inom finns även utom!

Kapitel 3.5 - Tid är en illusion! Men vi upptäcker cykler överallt!

Nu är det dags för den femte Hermetiska principen:

5. Principen om rytm:
Allt flyter, allt har sitt tidvatten. Rytm och cykler skapar balans och rörelse!

Vi kan lätt uppfatta följande cykler och rytm som människor: andning in och ut, dag och natt, sommarsolstånd och vintersolstånd, sådd och skörd, vakande och sovande, födelse och död, etc.

Cykler och rytmer ser linjära ut från ett mänskligt perspektiv, precis som vi föreställer oss tid - som löper kronologiskt. Men vi bör tänka på dessa cykler och rytmer mer som en berg-och-dalbana, eller bildligt talat, som en liggande 8 → ∞ ritad som en sinuskurva → ∿. I fysik definieras denna struktur som ett Möbiusband[31].

Cykler och rytmer har ingen början och inget slut, men de varierar i sina höjdpunkter och lågpunkter. Detta innebär att det finns tider när vissa aktiviteter är mer effektiva, andra mindre.

Låt oss ta sådd- och skördesäsongen som ett exempel: Det finns en tid i denna cykel när det är bättre att så, och det finns en tid när det är bättre att skörda. Om vi sår tomater på hösten, tar det längre tid för dem att växa och bilda blommor, och några av fröna kan bäras bort innan de lyckas gro. Detta kan tillämpas på alla aktiviteter.

---

[31] tinyurl.com/MobiusStripWiki

Vi går och lägger oss på natten eftersom det är mörkt ute, och vi följer vår biologiska dag-nattcykel. Trots detta kan vi också vara aktiva på natten. Detta beror på att höjdpunkterna och lågpunkterna i cykler ofta är individuella och delvis överordnade. Det är välkänt att det finns morgonpigga personer och personer som föredrar att vara aktiva på natten. Vi känner prestationens uppgång och fall inom oss själva, känner behovet av att bearbeta dagens upplevelser och söka vila. Vi känner de tider när vi är redo att ta emot och skicka, men också de tider när vi föredrar att låta allt sjunka in och bearbeta det. En överordnad cykel är till exempel årstiderna. På våren och sommaren vattnas marken, bin vaknar ur vinterdvalan, solen skiner på fröet och växten ger sakta upphov till en blomma. På hösten bearbetar marken de nedfallna växterna som näring, och under vintern kan växterna vila, så att något nytt kan uppstå på sommaren.

Cykler och rytmer är nödvändiga för att skapa balans och möjliggöra processer, rörelser och utvecklingar överhuvudtaget. Socialt observerar vi till exempel ett avtagande patriarkat och en balans mot matriarkat. Kom ihåg att vi bara i helheten känner igen sanningen. Denna utveckling är en helt normal cykel, även om den ofta möter motstånd, vilket ofta händer när cykler förändras.

En annan överordnad cykel som har observerats under flera årtionden är skiftet från materiella till andliga värden. Exempel på detta är internet som en gigantisk kunskapsdatabas, kryptovalutor som tar upp allt större utrymme i våra liv eller delning av materiella värden som couchsurfing, crowdfunding eller bildelning.

Andliga värden blir allt viktigare och materiella värden blir alltmer tillgängliga för allmänheten. Coaching, expertis och specialiserad kunskap värderas och kommer att värderas högt.

Vad gäller manifestering innebär detta att vissa manifestationer har förutbestämda tider att visa sig helt på utsidan. Det är därför grundläggande att vi ständigt lever i det önskade antagandet tills manifestationen visar sig helt – för reflektionen av vår inre värld i den yttre världen är också cyklisk.

Du har förmodligen hört talas om fall där en viss typ av man alltid attraherar en viss typ av kvinna (eller vice versa), eller fall om återfall av ett medicinskt tillstånd eller ett återkommande gräl. Så länge vi befinner oss i detta tillstånd av vår inre värld, kommer vi att ställas inför dessa återkommande händelser, för vår oförändrade inre värld, det vill säga vårt medvetandetillstånd, manifesterar sig cykliskt i den yttre världen.

Kapitel 3.6 - De andliga aspekterna av manifestation med lagen om antagandet

Innan vi dyker in i det här kapitlet: Jag kommer att använda ordet *Gud* oftare. Med detta menar jag inte en specifik Gud från kända religioner. När jag talar om Gud menar jag den uråldriga informationen, den uråldriga energin, den *uråldriga medvetenheten*, som är grunden till allt väsen och alla religioner och som har tolkats av dem på olika sätt och medel. Därför är det helt irrelevant vad vi tror på. Vi talar alla om samma ursprungliga medvetenhet.

Oavsett vilken religion du tillhör eller om du tillhör någon alls: Alla sätt och alla religioner leder tillbaka till en medvetenhet. Neville förlitade sig främst på transkriptionen av Bibeln för att visa vägen till den ursprungliga medvetenheten. Han kunde lika gärna ha använt Koranen, Talmud, Indiens Vedas eller andra religiösa skrifter för det.

Den ursprungliga betydelsen av begreppet andlighet, som avser denna uråldriga medvetenhet, har *med ande* eller *själ* att göra, och därmed kommer vi relativt nära dess definition. Schamaner säger: *Allt är besjälat!*

Detta korrelerar med den första Hermetiska principen som är den enda nödvändiga andliga kunskapen.

1. **Principen om andlighet:**
   Universum är ande; människan är ande. Allt är medvetande!

Allt som existerar är inget annat än Guds medvetande. Indisk mytologi uttrycker det på följande sätt: "Världens ursprung är Guds dröm. Gud, som ett väsen och en oändlig, ren medvetenhet, började drömma. Till slut är vi och hela världen inget annat än drömmen, medvetandet hos Gud."[32]

Allt vi uppfattar och vårt betingade medvetande är en del av den allomfattande ovillkorliga medvetenheten hos Gud. Hela världen och allt som finns i den är gudomligt. Varje människa är gudomlig! Det finns bara en kraft, ett väsen, en kropp, ett sinne och en själ! Vi och allt som är, är uttrycket, fantasin av Gud! Därför är vår fantasi samma kraft som skapar denna värld.

När det sägs "Gud är inte långt ifrån var och en av oss. I honom lever, rör vi oss och är vi till"[33], uttrycks det att vi är gjorda av Gud och att denna kraft själv lever i oss. Detta är varför många människor rapporterar en andlig upplevelse där de känner sig anslutna till allt, vare sig det är i meditation eller natur. Det finns bara en materia, Guds medvetande, och allt består av det!

Har du någonsin blivit medveten om att du bara drömde och därmed kunde kontrollera den medvetet? Om så är fallet, kan du minnas hur du kontrollerade den drömmen? Detta är manifestation. På samma sätt som du kan kontrollera din dröm under sömnen, kan du kontrollera Guds dröm eller denna verklighet. Oroa dig inte om du aldrig har gjort det

---

[32] tinyurl.com/HinduismCosmology
[33] Apostlagärningarna 17:27-28 - biblehub.com/acts/17-27.htm

tidigare. Det är inte nödvändigt för att manifestera medvetet.[34]

I dina drömmar träffar du många kända och okända människor. Du känner lycka, skoj, glädje, sorg, rädsla, ilska och mycket mer. Men sällan eller aldrig tänker du: Det här är bara en dröm! Det du upplever i din sömn är så realistiskt att du gråter, skrattar eller får panik av rädsla. Men var händer allt detta? Var tar detta liv i våra drömmar plats? *Inom dig!* Och på exakt samma sätt händer livet i vakenhet; det händer i Gud - och därmed i dig! Precis som drömmar är vår uttryckta själv, så är detta liv, denna verklighet, Guds uttryckta själv. Som Neville uttryckte det:

"I din senaste dröm kanske du var orolig och trodde för en stund att det du upplevde var verkligt. Utanför dig själv och inte under din kontroll. Det var inte förrän du vaknade som du insåg att det bara var en dröm. Om du hade insett under drömmen att det bara var en dröm, skulle du ha kunnat kontrollera den och forma det du upplevde enligt dina egna önskningar och idéer. Nu när du är vaken igen, i den 'riktiga' världen, tror du att det är verkligt och utanför dig själv. Men jag säger er, även denna värld är bara en dröm. Det är lika mycket en dröm som den du hade förra natten. Denna värld verkar bara så verklig för dig och är därför svårare för dig att kontrollera eftersom du tror att den är oberoende av din uppfattning. Men det kan kontrolleras precis som din dröm, genom en enkel handling av antagande."

Med andra ord: Ingenting existerar utanför dig!

---

[34] Om du vill lära dig mer om ämnet, sök upp termen *Klardrömmar*.

Hela den stora världen är du själv som projiceras ut. Varje person och varje situation är en spegel som reflekterar vem du är - eller mer specifikt, i vilket medvetandetillstånd du befinner dig i. Allt du uppfattar har sin grund i dig. Följaktligen behöver du inte skydda dig från någon eller kämpa eller tvinga något i den yttre världen! Det du uppfattar utanför dig själv är dig själv. Du bestämmer med ditt antagande, din självbild, din tolkning mot de yttre sakerna, hur de ska bete sig.

Neville sa också följande om Guds dröm: *"Gud drömmer inom dig, och du kan testa Honom när som helst om du är uppmärksam. Sätt dig ner, tänk på en vän, och se denna underbara varelse skapa mentala bilder av honom. Universums Gud är ett med din underbara, mänskliga fantasi."*

Vår fantasi är inte bara andlig uppfattning. Den är lika verklig som det vi uppfattar utanför oss - vi skulle inte kunna föreställa oss saker om de inte redan fanns i här och nu. Hela skapelsen är perfekt och komplementär i sig själv! Allt är sammanflätat. Ingenting kan existera utan närvaron av det andra. Ingenting är viktigare och mer betydelsefullt än du - det är fysiskt omöjligt. Allt som existerar är beroende av dig. Ingenting kunde existera om du inte fanns. Allt är beroende av allt. *Du är allt som är!*

"Jag är alfa och omega, början och slutet, den första och den sista." [35]

---

[35] Uppenbarelseboken 22:13 - biblehub.com/revelation/22-13.htm

I det här stadiet kanske du undrar: Vad menar vi med begrepp som kropp, sinne och själ om vi alla är en och samma substans, en och samma orsak?

Detta har mycket att göra med det faktum att vi människor alltid söker efter mer, att vi vill ta reda på mer och leva ut vår upptäckarglädje. Samtidigt innebär varje sökande också det vi har hittat - vi har redan en idé om vad vi kan hitta.

"Be, och ni ska få. Sök, och ni ska finna. Bulta, och dörren ska öppnas för er.." [36]

Utifrån denna övertygelse har vi kollektivt manifesterat skillnaden mellan kropp, sinne och själ enligt följande definitioner:

- **Kroppen** är varje fysisk manifestation som vi kan hitta i vår värld.

- **Sinnet** är varje medvetandetillstånd som vi kan ha, anta eller uppleva.

- **Själen** är kärnan i vår essens, vårt sanna väsen och den direkta kopplingen till Gud.

---

[36] Matteusevangeliet 7:7 - biblehub.com/matthew/7-7.htm

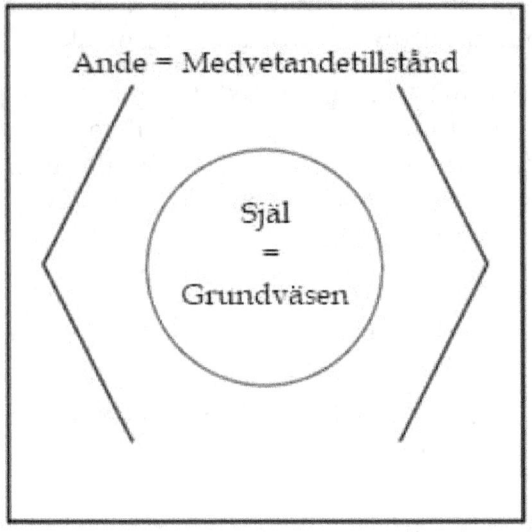

Skillnaden mellan sinnet och själen är lätt att förklara. Tänk dig att du lider av amnesi, vaknar upp och inte kan komma ihåg något du någonsin har upplevt. Ditt sinne har förlorat information eller tillgång till den. Vad som alltid återstår är dock de väsentliga egenskaperna hos ditt sanna väsen, din själ. Även om du befinner dig i ett tillstånd av amnesi utan minne av dig själv, kommer dina nära och kära att känna igen dig. De kommer att se det i dina ögon, dina ansiktsdrag och hur du talar eller hanterar viss information. Din själ, och därmed kärnan i ditt väsen, är omisskännlig och kommer alltid att vara det. Detta är ditt *urtillstånd*, din *urtillblivelse*, din grund för alla dina medvetandetillstånd och den resulterande märkbara manifestationen. Detta är din närmaste, eviga koppling till Gud - vår *urmedvetenhet*.

Kapitel 3.7 - Vad betyder medvetande, och vad är medvetandetillstånd?

Allting är medvetande, och medvetande är Gud!

Vi delar alla samma medvetande. Det finns bara en kropp, ett sinne och en själ. Detta är anledningen till att lagen om antagandet fungerar. Om en del av Guds medvetande uppfattar ett antagande som sant och given, antas det automatiskt som sant och given för alla andra delar. Och så formas vår yttre värld enligt modellen för vår inre värld.

Medvetandetillstånd kan betraktas som en växelverkan av Teslas I^3. Varje villkorligt tillstånd av Guds medvetande är en kombination av tankar och känslor. Det tolkas (I^2) i en riktning eller en annan, bär en viss intensitet (I^3) och uppfattas därigenom som specifik information (I^1).

Låt oss ta *eld* som ett exempel. Eld är varmt och blir het när du kommer för nära eller tillbringar lång tid runt den. Men den kan också användas till matlagning eller smidesarbeten. Elden är information som tolkas och förinställs med en specifik intensitet. Därför kan den upplevas som denna information - varm.

Detta kan tillämpas på allt. Ett flygplan var bara en idé/tanke i början, med en intensiv känsla av frihet, framsteg och äventyr. Alltså fanns det ett medvetandetillstånd som genererade tankar och känslor hos uppfinnaren - i en så hög intensitet att de manifesterade sig som ett flygplan, som information i den yttre världen.

Som vi vet enligt den tredje Hermetiska principen kan detta medvetande och dess tillstånd modelleras av vårt medvetandetillstånd, såsom vår uppfattning, tolkning och intensitet. Ofta publiceras framgångsrika manifestationer som mirakel, till exempel starka rökare som lever upp till 130 år, människor som kan bitas av giftiga ormar i trans utan att dö av det, eller människor som skovlar i sig ohälsosamma saker utan att ens bli sjuka av det.

De lever alla i ett medvetandetillstånd som hindrar dessa saker från att skada dem. Detta har ingenting att göra med genetik eller toleranser. Medvetandetillståndet skapar antagandet att de nämnda sakerna inte påverkar deras hälsa, och från det kommer manifestationen att de inte blir sjuka eller skadade på något sätt. Sinnet styr över materia.

Abdullah retade ofta Neville att han knappt drack alkohol och var vegetarian under en tid. För Abdullah var Nevilles inställning till alkoholkonsumtion och köttavhållsamhet inget annat än hans krusiduller, det vill säga hans övertygelser. Abdullah var tydlig med att hans medvetandetillstånd, det vill säga hans egna antagande och tolkning, påverkade kvaliteten på de nämnda sakerna - och med detta naturligtvis deras påverkan på hans kropp genom att konsumera dem, eftersom vår tolkning påverkar kvaliteten på informationen.

Om allt är Guds föreställning och om denna kraft finns inom oss, hur kan denna kraft skada oss? Detta är bara möjligt om vi använder den mot oss själva, medvetet eller omedvetet.

Vårt medvetandetillstånd är summan av allt vi tror, antas veta, är övertygade om, tänker och därmed känner som sant. Vårt medvetandetillstånd är orsaken till alla effekter vi kan uppleva i den yttre världen.

Vi kontrollerar våra omständigheter och därmed vårt öde med fri vilja och förmågan att tänka och känna!

Kapitel 3.8 - Finns det en anledning till allt? Förväntar sig Gud något av oss?

Förväntning skulle förmodligen vara lite överdrivet. Men ja, Gud hade en anledning att skapa oändliga aspekter av sig själv som inte alltid är medvetna om att de är Gud. Han vill att vi ska *leva!* Med hjärta och sinne och den gudomlighet vi alla bär inom oss. Det handlar om de val och upplevelser vi vill ha i livet.

Vem är jag? Vem vill jag vara? Vad vill jag uppleva? Vem vill jag se lycklig? Vilka önskningar vill jag uppfylla?

Genom detta lär vi oss vem vi är, och Gud lär sig vem och vad Han är. *VAR DEN DU ÄR!* Detta är önskan. Din önskan. Om vi bara lever våra liv utan att agera ut, utan intensiva känslor, då kan det kallas *ljummet.* Det är varken kallt eller varmt. Uppenbarelseboken i Bibeln säger: "Men eftersom du är ljum och varken varm eller kall, skall jag spy ut dig ur min mun."[37]

Allting handlar om känslor. Från djupet av känslorna genererar vi intensitet, det vill säga energi. Vi bör leva ut våra liv och alla våra hjärtans önskningar, känna och uppleva dem. Oavsett om det är ilska, sorg, hat, lycka, kärlek eller glädje spelar det ingen roll vilken sorts känslor vi vill uppleva. Det viktigaste är att *känna livet!* Vi kan vara kalla eller varma. Vi har fria valet; vi kan själva bestämma vilka av Guds egenskaper vi vill uppleva.

Kontrasten i livet, principen om dualitet, är Guds "trick" för att få oss att inse vad vi vill ha; genom det

---

[37] Uppenbarelseboken 3:16 - biblehub.com/revelation/3-16.htm

kan Gud känna sig själv. Detta är tricket för att leda oss till våra sanna jag, för att leda oss tillbaka till Gud! Eftersom denna värld skapades på ett sådant sätt att *ALLT ÄR MÖJLIGT* för oss. Allt finns tillhandahållet, alla våra önskningar finns redan här och nu! Vi behöver bara komma in i rätt utrymmen - vårt önskade medvetandetillstånd. Nyckeln till dessa utrymmen är att känna oss fram till det önskade tillståndet.

Vi får aldrig det vi önskar, bara det vi känner som sant och givet. Känn som om du redan har det du önskar. Detta kommer automatiskt att förändra ditt sinnestillstånd.

Dina tankar kommer automatiskt från uppfyllandet av din önskan och inte längre från klagomålen. Du är i medvetandetillståndet av önskans uppfyllande, i utrymmet för önskans uppfyllande som du har kommit in med nyckeln till känslan. *Eftersom känslorna är hemligheten!*

"I min Faders hus finns många rum. Om det inte vore så, skulle jag då ha sagt er att jag går bort för att bereda plats åt er? Och om jag än går och bereder plats åt er, skall jag komma tillbaka och ta er till mig, för att ni skall vara där jag är. Den vägen känner ni."[38]

Mina förklaringar avslöjar inget nytt för dig. Jag påminner bara dig om det du redan vet innerst inne. Dock har bara tillämpad kunskap kraft. Var och en av oss är sin egen räddning inom sig själv. Och om vi räddar oss själva, räddar vi vår värld. Lösningen på alla dina problem finns inom dig, i ditt sanna jag. Dina problem är inget annat än effekten som ditt

---

[38] Johannes 14:2-4 - biblehub.com/john/14-2.htm

medvetandetillstånd har satt som orsak. Du är din egen lösning. *Du är din egen räddare!*

Ingen eller inget utanför dig kan rädda dig eller frälsa dig. När du har nått frälsningens tillstånd inom dig och befriat dig själv internt, kommer det visa sig externt och föra in rätt situationer eller människor i ditt liv som speglar denna frälsning. Att känna dig fram till det tillstånd du vill ha för dig själv är mästernyckeln till alla tänkbara utrymmen. Detta ligger i din inre värld, ditt medvetande, din fantasi och den intensiva känslan från den uppfyllda önskan.

Neville bemästrade denna procedur och uttryckte det på följande sätt: "Om vi antar tillståndet av perfektion, det vill säga att allt är perfekt och utmärkt för oss, då kommer allt omkring oss att bli perfekt och utmärkt! Den sjuka kommer att bli frisk, de fattiga kommer att bli rika och de sorgsna kommer att bli lyckliga!" *Det som finns inom finns även utom!*

Om du vill skapa intensitet/energi för att komma in i de utrymmen du vill ha och för att medvetet kontrollera ditt liv är det lättaste sättet att gå in i tacksamhet.

Människor som *Morgenthau, Carnegie, JP Morgan* eller *Rockefeller* uppfattades som mycket vänliga av sin omgivning, eftersom de tackade alla för allt. Vi pratar inte om halvhjärtade erkännanden; de kände *genuin tacksamhet* i de ögonblick då de uttryckte det.

Du kan inte ljuga för dig själv, det vill säga för Gud. Du känner omedelbart om din tacksamhet är uppriktig eller halvhjärtad. Kom ihåg: Känslorna är hemligheten! Bara prova. Känn tacksamhet för varje liten sak och storhet som livet erbjuder dig och låt dig överraskas av vad som utvecklas från det.

Studier visar att tacksamma människor generellt sett är friskare, mer motståndskraftiga mot stress, effektiva, nöjda, optimistiska och glada i livet. Dessa är fantastiska bieffekter. Men den sanna och djupgående påverkan av tacksamhet kommer från den intensiva och positiva känslan som omformar vår inre värld och som därmed positivt återspeglas i vår yttre värld.

Guds gåva till oss och till Sig själv är möjligheten att leva det liv vi önskar. Önskningarnas natur spelar ingen roll. Självklart vill jag inte uppmuntra oetiskt beteende, men Gud vet redan allt vi gör och inte gör. Varje person du möter, varje situation du upplever, varje manifestation är Gud och därmed du själv!

———

Gud har drömt sig själv i mänskliga varelser för att vakna från människa till Gud igen. Detta är meningen med uppståndelsen, av stigande. Vi själva och allt som existerar är Gud. Vi är eviga drömmare. Bakom varje ansikte, bakom varje handling, bakom varje skapelse är Gud.

"Så skapade Gud människan till sin avbild, till Guds avbild skapade han honom; manligt och kvinnligt skapade han dem." [39]

---

[39] 1 Moseboken 1:27 - biblehub.com/genesis/1-27.htm

Vi är reflektionen av Gud och alla Hans skapelser! Vi är skaparen och varelserna samtidigt. Vi är avsändaren och budbäraren; vi är dockspelarna och dockorna i denna eviga dröm. I världen av förgänglighet. I drömmarnas värld! I Maya![40]

Allt vi uppfattar och alla vi möter är både oss själva och vår skapelse - våra barn! Därför bör vi behandla den yttre världen på samma sätt: med kärlek och förståelse. Du bör exemplifiera för omvärlden vilka värden du vill förmedla, för du är Gud och du har skapat dig själv och allt du uppfattar. Med denna djupa förståelse och kunskap kan du leva ett perfekt, uppfyllt och fritt liv.

Jag kan tänka mig att det kan vara svårt för en eller annan av oss att förstå att vi själva är Gud.

Alan Watts sa följande: *"Jesus Kristus visste att han var Gud. Så vakna upp och ta reda på vem du egentligen är. I vår kultur kan du kallas galen och hädisk och fördömas för detta uttalande. Men om du vaknar upp till Gud i Indien och berättar för dina vänner och familj, 'Herregud, jag har just upptäckt att jag är Gud', skulle de skratta och säga, 'Nå, grattis, du har äntligen förstått det.'"*

Om du fortfarande inte kan eller inte vill acceptera det du läser här, finns det ett enkelt sätt att testa tesen. Följande teknik lämnades till oss av Neville och har sitt ursprung i skriften:

Viska till dig själv 3 gånger om dagen cirka 10 till 20 gånger: *Jag är Kristus! Jag är Kristus! Jag är Kristus!*

---

[40] tinyurl.com/MayaDream

Sedan samma procedur med *Jag är Gud! Jag är Gud! Jag är Gud!*

Genom att upprepa denna affirmation tränger den förr eller senare in i ditt undermedvetna, in i din inre värld. Därigenom kommer den att spegla en situation i din yttre värld som låter dig uppleva denna inre sanning.

Denna teknik var det som väckte mig. Jag började med *Jag är Kristus* och gjorde det kanske i en vecka, sedan fortsatte jag med *Jag är Gud* i ytterligare en till två veckor. En situation speglades då i mitt liv som gjorde att jag upplevde Gud. Dessa situationer kommer generellt att visa sig individuellt, till exempel i form av en vision, en mycket intensiv dröm eller en specifik situation som låter dig medvetet uppleva att du själv är Gud.

För att påskynda processen kan du spela in denna affirmation med din egen röst och spela upp den i en loop strax innan du somnar. I Kapitel 6 - Det undermedvetna sinnet - kommer jag att gå mer in på detaljer om hur du ska recitera denna inspelning eller affirmationer.

———

Min egen erfarenhet av ovanstående övning var följande: Jag hade en inre vision. Jag låg i sängen och övermannades av en så intensiv eufori och extas som jag aldrig tidigare hade upplevt. Jag stängde ögonen, och livliga bilder uppstod inom mig. Jag kände att jag skulle låta mig ledas av dessa bilder. Så jag började resa genom det som visades för mig. Jag såg de mest skilda världar - de mest skilda former av liv. Jag kände också igen motsvarigheten av dessa nivåer till vår nivå, som vi uppfattar som verkligheten. Allt har sin motsvarighet. Så som ovan, så ock nedan. Det som finns inom finns även utom.

De nivåer jag fick uppleva visade mig en annan, överordnad syn på min nuvarande motsvarighet som människa. Jag såg det jag tidigare hade kallat "mig" i en ny kontext. Detta orsakade en extrem ökning av den eufori och extas som jag nämnde tidigare. Jag var helt försjunken och uppslukad i min känsla av *JAG ÄR!*

Det är svårt för mig att beskriva det mer precist. Jag såg och kände dussintals nivåer och *JAG ÄR* samtidigt! Och vid en punkt när euforin och extasen nådde en topp, upplevde jag ett så kallat kundalini-uppvaknande som vi känner till från tantriska skrifter[41]. Jag hade hört vissa saker om det vid den tiden men hade aldrig riktigt tittat närmare på det. När det hände visste jag dock omedelbart: Detta är det!

Jag minns att en energi byggdes upp inom mig, så intensiv att det kändes som en explosion. Sedan virvlade energin runt min ryggrad. Den slingrade sig från botten upp och sköt ut ur mitt huvud till toppen. Detta var min språngbräda till ännu "högre" nivåer av Guds medvetande. Därifrån kände jag igen och upplevde *ALLA* mina motsvarigheter och reflektioner, alla mina *JAG ÄR* i vår verklighet och i de högre, så kallade verkligheterna.

---

[41] tinyurl.com/KundaliniEnergy

Detta fortsatte till den punkt där jag erkände mig själv som Gud. Jag vaknade från människa till Gud. Livets träd. Den eviga drömmaren. Jag blev medveten om att jag var allt som existerar. Jag insåg varför jag, som människa, hade manifesterat allt jag uppfattade, särskilt alla som var närmast mig, på ett omedvetet sätt. Jag blev medveten om att jag hade skapat mig själv. Att jag själv var orsaken till allt som var. I det ögonblicket, i Guds tillstånd, frågade jag mig själv samma fråga om och om igen:

Vem eller vad är jag?

Denna fråga är orsaken till allting som är. För alla nivåer av existens, för alla korrespondens och dualistiska aspekter av att vara. Bara för att hjälpa oss att känna igen oss själva.

"Gnothi seauton - Känn dig själv"[42]

Jag öppnade mina ögon igen i Guds tillstånd och såg som en människa med Guds ögon. Och igen frågade jag mig själv frågan:

Vem eller vad är jag?

I det ögonblicket blev det klart för mig att även genom dualistiska aspekter, vilket betyder möjligheten att uppfatta sig själv separat från sig själv, kan frågan om *vem eller vad jag är* bara besvaras till en begränsad grad.

Men min önskan efter svar förblev densamma, och så manifesterade sig en andra medvetenhet på utsidan

---

[42] Inskriptionen på Apollontemplet i Delfi
tinyurl.com/KnowThyselfDelphi

för att känna igen mig, Gud – för att veta *vem eller vad är jag*? Därefter vaknade jag som en människa..

Denna underbara, mystiska upplevelse satte orsaken i mig som kommer att ha sin gång från och med nu. Allt kommer tillbaka till sin rättmätiga plats, även Guds ord; kunskapen, insikten om vem vi är och hur vi återvänder till oss själva – hur vi vaknar från människa till Gud.

Kapitel 3.9 - Lång historia kort

- Vi är alla sammankopplade som en helhet, ett sinne och en själ. Detta innebär att när vi vänder oss mot våra motparter, vänder vi oss mot oss själva.

- Faktumet att vi kan uppfatta den yttre världen som en individ, separerad från den enda anden, är baserad på den fjärde hermetiska principen, principen om dualitet – allt har två sidor. Men det är två sidor av samma mynt.

- Eftersom vi är Guds dröm, därmed Hans fantasi, är verkligheten i vårt vakna tillstånd endast så verklig som vi accepterar den vara. Med andra ord: Omständigheterna är endast giltiga om vi ger dem giltighet!

- Enligt den andra Hermetiska principen ("Så som ovan, så ock nedan.") vet vi att allt har sina motsvarigheter, varifrån vi kan dra slutsatsen: Allt som existerar för oss är också Guds uttryckta själv. Därför är det meningslöst att döma.

- Tack vare den andra Hermetiska principen vet vi också att det är omöjligt att försöka förändra den yttre världen utan att förändra sig själv. Det är som att försöka måla en spegel i hopp om att förändra sitt ansikte.

- Vi kan när som helst använda Guds allomfattande, villkorslösa medvetande för att omforma vårt eget medvetande. Hur? Genom att anta ett nytt medvetandetillstånd genom våra antaganden, tankar och känslor. På så sätt skapar vi orsaken vi vill uppleva i den yttre världen!

- Alla utrymmen, alla manifestationer och alla verkligheter finns redan här och nu. En linjär rörelse genom tid och rum är bara en illusion. Vårt utrymme är Guds fantasi, Hans oändliga medvetande. Så nyckeln till våra önskade utrymmen (dvs manifestationer) är vårt antagande och därmed vår självbild eller medvetandetillstånd.

- Gud skapar Gud, skapar Gud, skapar Gud, skapar Gud ... från Gud! Med andra ord är hela världen (och allt i den) Guds medvetande. Allt som är, var och en av oss är gudomligt!

- Skapelsen är perfekt och komplementär från existensens början. Därför kan vi anta alla möjliga verkligheter. Vi kan dra slutsatsen att vår andliga idé om oss själva är vårt sanna jag och vår mentala uppfattning om världen är den sanna världen. Vi kan bara föreställa oss saker eftersom de redan existerar parallellt med oss.

- De omständigheter som vi uppfattar har bara ett syfte: De tillåter oss att uppleva vem vi verkligen är och vad vi önskar. Våra omständigheter är varken bra eller dåliga, utan de hjälper oss att komma närmare oss själva och våra önskningar.

Kapitel 4 - Använd din fantasi för att uppfylla alla dina önskningar

E lmer O. Locker Jr var en *VIP-medlem* hos Neville och därför en av de få personer som studerade med honom personligen och delade dessa erfarenheter med allmänheten. David ger insikter om de personliga mötena mellan sin morfar och Neville Goddard på sin YouTube-kanal[43].

Neville övervakade denna så kallade VIP-grupp mycket intensivt - förutom sina 14 böcker[44] och hundratals offentliga föreläsningar. Det enda han krävde av medlemmarna var att de skulle följa hans instruktioner, så att de skulle uppnå samma framgångar i manifestation som han själv.

Elmer O. Locker Jr beskriver sitt första möte med Neville Goddard så här[45]:

"[...] Jag gick till Neville Goddard av en enda anledning: Att ta reda på hur mycket pengar han ville ha som bedragare. Och när han kom upp på scenen sa han: *Låt oss klargöra en sak nu direkt.*

Han sa: *Kollekten kommer inte att gå runt idag. Om ni vill ge mig pengar idag, får ni inte och ni får aldrig ge mig några pengar. Om jag någonsin ber er om pengar, gå bort från mig eftersom jag då bara är en bedragare som alla andra som vill ha era pengar. Om någon vill lära dig hur du kan vara frisk, rik och klok och behöver dina pengar, är*

---

[43] youtube.com/@ElmerOLockerjr
[44] amzn.to/3GtoNrw
[45] tinyurl.com/EOLJR

*han en bedragare. Han vet inte hur man kan vara frisk, rik
och klok.* Han säger: *Jag gör det!* Han säger: *Jag vill inte
ha era pengar och jag kommer aldrig att vilja ha era
pengar."*

[OBS: Neville Goddard kritiserade metodiken hos
många lärare, tränare och experter och kallade det
därför bedrägeri. Eftersom det är en missuppfattning
att tro att du kan sätta orsaken till någons liv utanför
deras egen medvetenhet. Alla metoder som försöker
åstadkomma en varaktig positiv förändring i männi-
skors liv och därmed bortser från medvetenheten,
den inre världen, gränsar till okunnighet eller bedrä-
geri. När det gäller pengafrågan: Neville Goddard
tog inte betalt för deltagande i sina självorganiserade
föreläsningar på Wilshire Ebell Theatre från år 1948
och framåt, inte heller donationer. Ändå täcktes alltid
kostnaderna för hans evenemang av donationer från
deltagarna.]

Och jag tänker: *Hur ska den här killen komma runt det
här? Han måste vara någon sorts bedragare, eftersom alla
alltid har varit bedragare.* Men han var inte en bedra-
gare! Han gav oss något att göra.

Han säger: *Jag ska ge er något att göra för att bevisa att
jag har fel.* Han säger: *Jag ska lära er nu hur ni klättrar
upp på en stege. Och det ni måste göra för att bevisa att jag
har fel är att göra vad jag säger åt er att göra. Och om det
inte fungerar, är jag en bedragare.*

Han säger: *Jag vill inte ha dina pengar, men så här klätt-
rar du upp på en stege. För det första, tänk på en stege
framför dig just nu. Tänk på den, du kan göra det. Stäng
dina ögon och tänk på den. Nu tar du din imaginära*

vänstra hand, sträcker ut den och tar tag i sidan av stegen
med din imaginära vänstra hand. Okej. Nu tar du din ima-
ginära högra hand, sträcker ut den och tar tag i den andra
sidan av stegen. Nu tar du din imaginära vänstra fot, lyf-
ter upp den och sätter den på den första trappan. Nu
trycker du upp dig själv och börjar klättra på stegen. När
du kommer upp till toppen av stegen, klättra tillbaka ner.
Klättra upp och klättra ner. Nu är det det du måste göra,
och du MÅSTE göra detta annars kommer ingenting jag
lär dig att fungera. Du måste lägga en lapp i din plånbok,
så när du öppnar din plånbok, måste du läsa det och säga:
JAG KOMMER INTE ATT KLÄTTRA PÅ EN STEGE!
JAG KOMMER INTE ATT KLÄTTRA PÅ EN STEGE!
Du måste skriva det på spegeln när du rakar dig på mor-
gonen. Du måste skriva det: JAG KOMMER INTE ATT
KLÄTTRA PÅ EN STEGE!

Han säger: *Nu måste du göra allt detta, annars kommer*
ingenting av det jag lär dig någonsin betyda något för dig
och du kommer inte vara till nytta. Du måste göra detta;
du måste mena i ditt hjärta att du INTE KOMMER ATT
KLÄTTRA PÅ EN STEGE. Du menar det och du skriver
ner det: JAG KOMMER INTE ATT KLÄTTRA PÅ EN
STEGE! Men du skriver ner det - jag kommer inte att
klättra på en stege - överallt, så att du vet natt och dag att
du inte kommer att klättra på en stege. Och i tre nätter vill
jag att du klättrar upp på en stege för att sova.

När du går och lägger dig, ta en konstig position i sängen,
en du inte vanligtvis sover i. Om du vanligtvis sover på
din högra sida, sov på din vänstra. Om du inte sover på
det sättet, sov på ryggen. Sedan måste du klättra upp på
stegen medan du är i en konstig position i sängen, och inte
bara somna. Du måste klättra upp på stegen tills du har
sovit i tre nätter. Och när du vaknar på morgonen, se till

att det är något du ser varje dag - JAG KOMMER INTE ATT KLÄTTRA PÅ EN STEGE! Men du kommer att klättra upp på en stege i sömnen i tre nätter.

Jag gjorde allt detta och alla andra saker han sa. Han sa: *Ni måste göra detta, annars fungerar inte det jag lär er.* Han säger: *Nästa söndag kommer jag att ha ett annat möte, precis som detta, baktill i den här byggnaden, men det är bara för personer som har klättrat upp på stegen. Om du har klättrat upp på en stege, kom till det mötet, för du lovade att du inte skulle göra det och du gjorde det.*

Och jag tänkte att den här killen är galen, men jag antog hans utmaning och klättrade upp på en stege tills jag somnade i tre nätter. Min mamma ringde mig och sa att hon ville att jag skulle komma och besöka henne på lördag. Hon ville prata med mig. Nu hade jag varit sjuk. Jag hade denguefeber och jag höll på att dö av det. Det drabbade mig tre gånger. Så jag hade inga pengar eller en bil eller någonting. Och min mamma ville se mig, så jag tog en buss till Santa Monica. Och jag stiger av bussen och går till huset. Min far är på taket och han säger till mig: *Son, kan du räcka mig den där hinken med färg?* Jag tog upp hinken med färg och jag nästan svimmade, för jag var halvvägs upp på stegen, och jag hade skrivit att jag inte kommer att klättra på en stege överallt. Det var på väggen; det var precis som han sa; du måste sätta det överallt där du tittar. JAG KOMMER INTE ATT KLÄTTRA PÅ EN STEGE! JAG KOMMER INTE ATT KLÄTTRA PÅ EN STEGE! Det är skrivet här, det är skrivet där, och du menar det för Guds skull. *Du kommer inte att klättra upp på en stege!* Du vägrar! Du ska bevisa att Neville Goddard är en bedragare och *du kommer inte att klättra upp på en stege!*

Okej, jag stiger av bussen, jag kommer hem, pappa är på taket, han säger: "Kan du räcka mig den där hinken med färgen?" Jag tar upp hinken med färgen och jag är halvvägs upp på stegen och jag tänkte: *Jag klättrade upp på en jäkla stege! Precis som den här killen sa...* och han sa att alla som klättrar upp på stegen kan komma tillbaka nästa söndag. Det är ett mycket mindre möte bakom Wilshire Ebell Theatre.

Så jag gick till det mötet nästa söndag och han säger: Så ni har alla klättrat upp på stegen? Ni kunde precis ha tjänat en miljon dollar lika lätt som att ni klättrade upp på stegen ... Jag ska lära er hur man är frisk, rik och klok och ni ska aldrig ge mig en enda krona. Jag gör detta för att jag tycker om att göra det!

Och då tog det fart! Från och med den dagen, 25 000 dollar var som en kvarts miljon nu, och under de närmaste månaderna tjänade jag 25 000 dollar bara genom att göra övningen som han sa och jag ska träffa honom. [...] "[46]

———

Inte bara manifesterade Elmer O. Locker Jr $25 000 på några månader, han uppnådde också omöjliga saker (sett ur perspektivet av hans närmaste omgivning) och uppfyllde flera önskningar helt enkelt genom att använda Nevilles tekniker. I Nevilles bok *The Law and*

---

[46] tinyurl.com/EOLJR

the Promise[47] blev han förevigad genom ett av hans vittnesmål.

Neville Goddard använde ofta vittnesmål från sina elever för att visa vad lagen om antagandet, korrekt tillämpad, var kapabel till. Du kommer att få läsa vittnesmål senare.

---

[47] amzn.to/3GtoNrw

Kapitel 4.1 - Stegklättringsmanifesteringen

David ville förstå stegklättringsmanifesteringen så exakt som möjligt. Han utförde den två gånger. Första gången försökte han det utan anteckningen *JAG KOMMER INTE ATT KLÄTTRA PÅ EN STEGE!* Det fungerade ändå, men det tog över en vecka. Andra gången försökte han med den skrivna anteckningen *JAG KOMMER INTE ATT KLÄTTRA PÅ EN STEGE!* Inom tre dagar manifesterades följande:

"[...] På den tredje dagen ringde en av mina kollegor från jobbet och bad mig att komma förbi och hjälpa honom. Jag gick med på det och åkte för att träffa honom. Han arbetade på taket när jag kom och bad mig att komma upp. Jag såg stegen och svarade att jag inte skulle gå upp på taket.

Han frågade mig, *'Varför inte?'*, och jag svarade honom att jag inte mådde så bra och var lite rädd för höjder, och snabbt hittade på en ursäkt. Till vilket han svarade: *'Okej, stanna bara där nere. Men varför kom du hit då? Jag bad dig att komma hit eftersom jag behöver din hjälp, eller hur?'* Och jag svarade: *'Okej, vänta bara en stund. Jag kommer strax tillbaka.'*

En av mina vänner bodde i närheten, så jag tog med honom till min kollegas hus. Väl där sa jag till min vän: *'Kan du snälla klättra upp på stegen till taket och hjälpa min kollega en stund. Jag kan tyvärr inte klättra upp på stegen!'*

Så han började klättra upp på stegen och samtidigt halkade hans fot och hans byxor fastnade på en spik på sidan av byggnaden. Han hängde bokstavligen med kroppen på spiken, nästan som om han dinglade från sidan av taket. Det tvingade mig att klättra upp på stegen och hjälpa honom att komma av spiken och ner på stegen igen. Med andra ord klättrade jag upp på stegen efter tre dagar! [...] "[48]

Stegklättringsmanifesteringen är ett av de enklaste sätten att bevisa för dig själv att informationen som skrivs här verkligen fungerar. När vi känner vår fantasi som verklig, och när vi tar med oss denna känsla in i sömnen, planterar vi den inom oss. *Det som finns inom finns även utom!*

Om du inte kan göra stegklättringsmanifesteringen, för att du till exempel klättrar på stegar varje dag i ditt jobb, kan du göra samma procedur med en tennisboll eller en golfboll eller till och med en ros. Så istället för att klättra upp på en stege innan du går och lägger dig, rör du vid en tennisboll eller en golfboll och känner formen, ytan eller skårorna; eller känner du på rosens blad, rör vid tisteln och luktar den underbara doften av blomman. Vi kan se, höra, känna, smaka och lukta i vår fantasi! Våra imaginära sinnen är desamma som de verkliga.

Jag gjorde också stegklättringsmanifesteringen. Men jag ska vara ärlig, jag kände inte det - jag motstod det, trots att jag hade satt upp lapparna överallt för månader sedan! Jag hade annat i huvudet och absolut ingen motivation att föreställa mig att klättra upp på en stege varje kväll. Månader senare, efter att jag hade tagit bort alla lappar, föreställde jag mig och

---

[48] youtube.com/@ElmerOLockerjr

kände att jag klättrade upp på en stege en kväll, och glömde sedan bort det igen. Det var två eller tre dagar senare när jag blev ombedd att klättra upp på en stege i mina föräldrars hus eftersom min far höll på att renovera. Det galna är: Han hade aldrig bett mig att klättra upp på en stege tidigare, och renoveringen hade pågått i ett par år! Men så fort jag kände det precis innan jag somnade, kom det till mig precis som så. Jag kan inte minnas när jag senast klättrade upp på en stege. Jag motstod inte heller när min far bad mig göra det, för min första tanke var: *Herregud, det gick snabbt!*

Proceduren för att manifestera är baserad på fysiska lagar. Lagarna fungerar, och det spelar ingen roll om du tror på dem eller inte. Precis som tyngdkraften får en boll från himlen att falla ner på jorden, kommer din fantasins akt oundvikligen att återspeglas i din yttre värld. *Det som finns inom finns även utom!*

Vetenskapen använder de fyra hjärnvågstyperna för att förklara processen. Dessa typer visar hur vi bär våra idéer och uppfattningar från vaket tillstånd till ett avslappnat tillstånd, sedan till ett sömnliknande tillstånd och till sist in i det undermedvetna. Därmed stelnar våra idéer och uppfattningar och återspeglas så småningom i den yttre världen.

De fyra hjärnvågstyperna[49] definieras enligt följande:

---

[49] tinyurl.com/4Brainwaves

- **Beta-vågor: Medvetande**
  Beta-vågor dominerar det vakna tillståndet i vårt medvetande. I detta tillstånd är vi vakna (med öppna ögon), fokuserade och alerta. Beroende på vårt perspektiv kan vi dock också vara oroliga, rädda, stressade eller inombords rastlösa.

- **Alpha-vågor: Avslappning**
  Alpha-vågor dominerar medvetandet när vi fokuserar inåt, exempelvis genom att slappna av med slutna ögon och låta vår uppmärksamhet vandra. Detta tillstånd producerar vanligtvis en lugn och behaglig känsla, liknande en lång promenad i skogen. Detta tillstånd är optimalt för att erhålla och lära oss ny information och för att tillåta fantasins akt.

- **Theta-vågor: Sömnliknande tillstånd**
  När lugn och avslappning övergår till sömnighet (det så kallade sömnliknande tillståndet) får vi ofta se drömska och oprecisa mentala bilder. Theta-tillståndet tillåter oss att komma åt omedveten information, det vill säga havet av alla möjligheter. Uppfattningar och idéer överförs direkt till det undermedvetna och accepteras som sanna, vilket kringgår våra mentala filter och kritiska försvarsmekanismer.

- **Delta-vågor: Undermedvetna sinnet**
Delta-vågor är mest närvarande i fasen
djupsömn, även kallad icke-REM-sömn.
Detta tillstånd är övervägande omedvetet och
riktar sig till det undermedvetna sinnet. Idéer
och uppfattningar av medvetandet kombine-
ras med havet av alla möjligheter och blir syn-
liga i den yttre världen. Våra manifestationer
utvecklas i detta tillstånd.

Kapitel 4.2 - Neville Goddards VIP-grupp

Neville behärskade reglerna i spelet i vår så kallade verklighet på ett sådant sätt att han satte rekord efter rekord i manifestation, nästan som en professionell idrottare. I sin VIP-grupp visade han sina färdigheter om och om igen. Lagen om tankeöverföring var bland dessa.

Han placerade en telefon i rummet, som hade en högtalare. Sedan berättade han för gruppen vem som skulle ringa, vad anledningen till samtalet skulle vara och vad personen skulle säga till honom efteråt. Självklart ringde telefonen. Och ja, uppringaren, anledningen och orden hade förutsagts korrekt.

Vårt rationella sinne kan påpeka att denna föreställning enkelt kan förberedas i förväg. Men Neville förklarar hela proceduren i sin bok *Prayer - The Art Of Believing*[50]. Han beskriver att du behöver en bärare för överföringen. För honom var denna bärare ljus. Vetenskapligt sett är ljus inget annat än oscillerande elektriska och magnetiska fält. Så, på sätt och vis, överförde han informationen från sig själv till den andra personen.

Till de som undrar om detta närmar sig manipulation - att göra en annan person ta telefonen och följa någon annans tanke: Oroa dig inte. Jag skulle vilja påminna om två väsentliga punkter från de tidigare kapitlen för att besvara frågan om moral:

---

[50] amzn.to/3GtoNrw

- Skapelse är fulländad och komplementär. *INGENTING* kan skapas eller förstöras på något sätt. Ögonblicket då Neville blir uppringd existerar redan. På samma sätt finns det en version där Neville inte utför demonstrationen.

- Vi är Guds dröm och allt som finns. Allt vi gör mot andra gör vi mot oss själva. Ingenting existerar utanför oss. Hela den stora världen är ditt inre uttryckt. Vår fria vilja är en med alla varelsers fria vilja.

I nästan sex år hade jag och min bror en fruktansvärd relation. Det kan beskrivas som en känslomässig katastrof, eftersom vi hade blivit förälskade i samma kvinna. Faktum är att den här situationen var så djupt rotad i oss att den speglades två gånger i vår yttre värld under dessa sex år; dessa cykliska speglingar händer oss alla, så länge vi håller fast vid vårt medvetandetillstånd och den grundläggande känslan som följer med det.

När jag började acceptera Nevilles läror kom de också till min bror. Även han insåg det ovärderliga värdet av dessa läror och tillämpade Nevilles tekniker med framgång. En av hans största önskningar var att vår relation skulle återställas. Så, han föreställde sig att vi skulle omfamna och förlåta varandra och medan han vilade i den känslan som han somnade. Några dagar passerade ... och vi kramade varandra i uppskattning. Han berättade om sin manifestation först efteråt. Vad jag inte berättade för honom förrän i detta kapitel i boken: Jag utförde också samma imaginära handling samtidigt.

Vi är alla sammankopplade med varandra. Vi är alla en enda varelse. Det finns bara en själ, ett sinne och en kropp. Vi kan inte manipulera någon annan än oss själva. Vi kan bara manipulera vår uppfattning och därmed vår subjektiva verklighet, genom vilken vi byter till den objektiva verkligheten som liknar vårt medvetandetillstånd och den grundläggande känslan som följer med det.

Om du frågar min bror eller mig vem som utlöste försoningen, så finns det ett mycket tydligt svar på det: alla i sin verklighet. Alla möjligheter, alla verkligheter existerar samtidigt i här och nu.

Neville demonstrerade detta fenomen - att vara ett med allt - för sin VIP-grupp genom en övning. Vad han åstadkom med dem på bara en eftermiddag rapporteras vanligtvis av buddhistiska munkar efter sju års djup meditation!

Först fick medlemmarna besked om att sitta bekvämt i en cirkel av stolar. Sedan placerades en filt över var och ens huvud - frivilligt, naturligtvis. När de satt så dämpades den yttre världen, och de skulle upprepa ett mantra i timmar tills de föll in i ett djupt, transliknande tillstånd [theta-vågor].

Mantrat var:

Var stilla och vet att jag är Gud! [51]

---

[51] Psalm 46:10 - biblehub.com/psalms/46-10.htm

Det efterföljande förfarandet hade som mål att skapa en känsla som när en fjäril förenas med ljuset. Insekten märker värmen men är så euforisk under ljusets förtrollning att den inte kan hjälpa att röra sig närmare och närmare tills den smälter samman med det - även om det betyder att den brinner upp som en följd. Detta förfarande är som att återställa sinnet, som i vårt exempel på amnesi. Vi lägger ner allt till vår eviga kärna av existens.

Alla fick välja sitt eget ödesdigra objekt, den imaginära lampan. Elmer O. Locker Jr beskrev det som att han *kastade av sig all sin jordiska klädsel*. Hans hud, hela hans kropp föll av honom och han flöt upp som ren medvetenhet till en stor kyrkklocka nära Wilshire Ebell Theater. Han förenade sig med klockan och såg hela staden Los Angeles under sig. Då insåg han att han inte bara var klockan, utan hela staden. Klockan, staden, människorna som bor där. Allt som är.

Han insåg att ingenting existerade utanför honom, att han själv var allting. Att hela den vidsträckta världen är han själv. Denna upplevelse var ingen fantasi, inget imaginärt handlande. Det som Neville gjorde med sina VIP-medlemmar var faktiskt en provocerad nära-döden-upplevelse[52,53]. Det finns tusentals och åter tusentals människor som har upplevt och rapporterat liknande känslor och händelser.

Neville tillät sina VIP-medlemmar att ha samma upplevelse med en säker teknik. Elmer O. Locker Jr hade denna upplevelse – att vi är ett med allt som är,

---

[52] tinyurl.com/NearDeathResearch

[53] tinyurl.com/NearDeathWiki

att Guds medvetande faktiskt är den enda verkligheten. *Att vi själva är Gud.* Vi är Guds medvetande. Vi är ren fantasi, substansen av vår verklighet. Vi kan medvetet kontrollera våra liv.

Kapitel 4.3 - Om bedragarna

Från och med detta tillfälle trodde inte Elmer O. Locker Jr längre att Neville kunde vara en bedragare. Men jag vill sätta Nevilles påstående om bedrägerier i perspektiv.

Enligt Neville kan bedragare identifieras genom att de tar betalt för att lära ut hur man blir frisk, rik och vis. Men väldigt få lärare blir faktiskt rika eller friska. Problemet är att de flesta lärare arbetar med effekten istället för att fokusera på orsaken. De bombarderar sina kunder med uppenbar kunskap utan att inse att medvetandetillståndet är avgörande. Med avseende på det skulle de kunna kallas omedvetna bedragare.

Vi kan lära oss de bästa metoderna för att bli rika eller friska och tro att vi är visare. Men om vi inte är i tillståndet att vara rika eller friska, då är antingen framgången kortvarig eller den önskade effekten inträffar inte alls.

Vår inre värld, vårt medvetandetillstånd, är den enda faktorn vi behöver justera. Vad Neville menade med att *"Jag gör dig vis"* är kunskapen om medvetandetillståndet som orsak. Eftersom vi alla är ett visste han också att när han hjälpte andra att bli lyckliga, hjälpte han också sig själv att bli lycklig. I sin bok *The Law and the Promise*[54] skrev han:

"För att leva klokt måste vi bli medvetna om våra mentala aktiviteter, eftersom de resulterar i att forma våra erfarenheter i vår yttre värld. Världen är lera och vår fantasi är

---

[54] amzn.to/3GtoNrw

krukmakaren. Vi bör alltid föreställa oss slutmål som är lovande och värdefulla."

Lagen verkar dra till sig saker, men det är en optisk illusion. Precis som ett skepp ser större och större ut på horisonten när det närmar sig stranden, ser reflektionerna av vårt inre vara på utsidan som attraherar allt som finns. Men vi drar dem inte till oss, vi accepterar dem. Genom att acceptera det önskade tillståndet och därigenom ändra programmet i vår inre värld, speglar vi det i vår yttre värld. Vi projicerar vår inre värld på skärmen som vi kallar Universum.

———

Medlemmarna i Nevilles VIP-grupp behövde aldrig ge honom en enda krona för all den ovärderliga kunskap och erfarenhet han gav dem. Det bör dock nämnas att Neville Goddard och hela hans familj, hans föräldrar och hans nio syskon, var och är multimiljonärer - så tänk alltid på båda sidor av myntet.

Kapitel 4.4 - Vad försökte Neville egentligen bevisa med stegklättringsmanifesteringen?

Vad försökte Neville uppnå eller bevisa? Svaret är enkelt: Om den imaginära handlingen har utförts korrekt, det vill säga om du verkligen *känner* det som om det redan har hänt, och du somnar in i detta tillstånd av önskans uppfyllelse, då kan ingen kraft i denna värld hindra det från att manifestera sig!

Från det ögonblick vi sår fröet för vår manifestation, tar Guds kraft över. Och eftersom allt består av Guds fantasi, sätts allt i rörelse för att låta fröet växa, frodas och blomstra. Det spelar ingen roll hur de yttre omständigheterna ser ut. Det spelar ingen roll hur stor eller omöjlig din önskan är. Även om du medvetet *motstår* din manifestation efter att handlingen har utförts - skulle den fortfarande manifestera sig.

När dina fantiserande sinnen är kopplade till ditt hjärta, det vill säga när du känner din fantasi som sann och given, då sås fröet för din manifestation och börjar blomstra tills det bär frukt. Varje människa har denna oändliga, orubbliga kraft - vi är gjorda av den. Denna kraft tillåter oss att föreställa oss varje önskan och låta den bli en del av vår verklighet. För detta behöver du ingenting utifrån. Du behöver inte känna rätt personer, du behöver inte vissa färdigheter, det finns inga förutsättningar. Du kan vara pank och utfattig, sjuk eller dödligt olycklig, och det enda som behövs för att ändra detta är vårt medvetandetillstånd - vår önskan och (kanske) rätt teknik.

Genom att skriva ner *"JAG KOMMER INTE ATT KLÄTTRA PÅ EN STEGE!"* manifesteras stegklättringen snabbare i vår yttre värld. Anledningen är - kom ihåg dubbelspaltexperimentet - den förhindrade observationen. Om vi ständigt föreställer oss *HUR* eller *NÄR* vår manifestation dyker upp, så förblir vi i ett bristtillstånd istället för önskans uppfyllelse.

Jag vill åka till Barbados? - JAG ÄR i Barbados!

Fokus på *"Jag vill ha det så mycket!"* innebär att *jag inte har det!* Så tricket är att släppa taget. Checka av det. Ta bort alla observatörer från ekvationen, inklusive dig själv. I boken *A Course in Miracles*[55] av Helen Schucman från 1976 beskriver hon en övning som får oss att släppa taget om tillhörigheter och allt i livet som dränerar oss. Det går så här:

"Ingenting som jag uppfattar har någon betydelse. Ingenting i det här rummet har någon betydelse. Tangentbordet jag skriver på har ingen betydelse, skärmen jag tittar på har ingen betydelse, koppen med kaffe har ingen betydelse." Övningen går till och med så långt att du tänker till dig själv: "Jag har ingen betydelse, min far har ingen betydelse, min mor har ingen betydelse, mina syskon har ingen betydelse, min partner har ingen betydelse", och så vidare.

Ingenting har någon betydelse om vi inte ger betydelse åt saker. Med andra ord har våra omständigheter ingen betydelse. Våra yttre omständigheter påverkar oss endast om vi tillåter dem att göra det - om vi ger dem betydelse.

---

[55] amzn.to/40S1FLr

Denna övning lugnar våra känslor, och genom det lugnar sig vårt sinne. Om vi vet hur vi ska lugna och träna vårt sinne, kommer inte våra känslor att diktera våra vägar i livet.

Kapitel 4.5 - Ta en ovanlig position att somna i

Att somna i en ovanlig position signalerar till ditt sinne: *Hallå, det finns fortfarande något att göra!* Således förblir vi automatiskt fokuserade på den imaginära handlingen. Du blir inte för bekväm i sängen och somnar bara, eftersom du bryter din rutin för att gå och lägga dig. Tillämpa denna teknik varje kväll innan du somnar, och dina medvetna och omedvetna mönster kommer att anpassa sig över tid.

Det finns fyra nivåer av kompetens inom medvetna och omedvetna processer. De visar stadierna från *inkompetens till kompetens*. Denna modell utvecklades av en medarbetare till Dr. Thomas Gordon, som anses vara en pionjär inom undervisning om kommunikationsfärdigheter och konfliktlösningsmetoder[56]. Koncepten inom Gordon-modellen är kända över hela världen och beskrivs enligt följande:

Omedveten kompetens: Förfarandena har upprepats så många gånger att de körs omedvetet, det vill säga reaktivt. Noel Burch kallar detta steg för *rätt intuition*.

Medveten kompetens: Processerna utförs, men ännu inte omedvetet/reaktivt. De måste kommas ihåg om och om igen för att utföras korrekt. Noel Burch kallar detta steg för *korrekt analys*.

Medveten inkompetens: Felaktiga processer utförs, men så sällan att vi är medvetna om det. Noel Burch kallar detta steg för *falsk analys*.

---

[56] tinyurl.com/StagesOfCompetence

Omedveten inkompetens: Felaktiga processer har upprepats så många gånger att de körs omedvetet, det vill säga utan att tänka på det eller kunna tänka på det. Noel Burch kallar detta steg för *falsk intuition*.

———

Vi är främst intresserade av medveten och omedveten kompetens. Som boken fortsätter kommer du att märka att följande manifestationstekniker främst kommer att föra dig till en nivå av omedveten kompetens, åtminstone när det gäller din önskan att uppfyllas.

Kapitel 4.6 - Några fler invändningar på vägen

Vår tro, våra övertygelser och subjektiva upplevelser är inte mer än små invändningar. Externa omständigheter visas bara på det sättet eftersom vi speglar dem från vårt medvetandetillstånd eller vår perceptuella verklighet. Hur många vetenskapliga fakta har behövt revideras med tiden? Vi lever i en värld av kortvarighet. Allt kan modelleras när som helst. Den enda konstanten vi kan lita på i den yttre världen är regelbundenheterna, nämligen de sju Hermetiska principerna.

Allt är möjligt om det är möjligt för *dig*. Allt du känner i ditt medvetandetillstånd som sant och givet är eller kommer att bli sant och givet för dig. Vilken antagning som helst förstärks i den yttre världen som ett faktum - även om den kommer från så kallad falsk fakta - när den insisteras fast och tillräckligt länge.

Den yttre världen och alla dess påstådda bevis har ingen relevans. Det är en närvarande effekt som vårt medvetandetillstånd har ställt in som orsak och kan modelleras när som helst av antagandena som vi uppfattar som sanna.

Därför bör du alltid uppmärksamma medvetandetillståndet hos personen som försöker hjälpa dig eller förmedla information. Om du tror och litar på personen kan deras hjälp eller information - deras övertygelser - gå över till dig och orsaka ett liknande medvetandetillstånd inom dig.

Till exempel, ta en person som lever veganskt utan att vara i medvetandetillståndet hos en vegan. Om denna person väljer den veganska livsstilen av solidaritet eller liknande, men deras medvetandetillstånd är den hos en allätare, då är det mycket troligt att de inte gör någon nytta för sig själva.

Samma sak gäller för allt annat i livet, vare sig det är rökning, sötsaker, alkohol osv. Om du kämpar mot dig själv, skadar du också dig själv. Men om ditt medvetandetillstånd och din livsstil stämmer överens med varandra, kämpar du inte. Då ÄR DU!

I stället för att söka externa lösningar börjar du resonera med ditt inre väsen, och det kommer sedan att återspeglas i din yttre värld. Så, du ändrar inte din kost eftersom du *vill leva som vegan*, utan DU ÄR vegan, DU ÄR i detta medvetandetillstånd, och detta kommer att låta dig förvandlas till denna verklighet. Vad jag menar med det är att du automatiskt kommer att ändra din kost utan tvång eller tvingande, eftersom detta är din sanna, autentiska natur.

Att vara eller inte vara, det är frågan här.

–

William Shakespeare

Daniel Daddeh är en tysk författare om lagen om antagandet och är ett levande exempel på hur man blir en icke-rökare med Lagen. Han förklarar förändringen av sitt medvetandetillstånd från rökare till icke-rökare som följer:

"[...] Så jag rökte. Och vad gör de flesta människor när de vill sluta röka? De tillämpar disciplin. De tvingar sig själva att sluta eftersom de fortfarande är i rökarens medvetandetillstånd. Och en rökare gillar en cigarett, en rökare njuter av en cigarett, en rökare behöver en cigarett! Det innebär att de tvingar sig själva att sluta, de kastar cigaretterna och sedan hamnar de i en kamp med sig själva! Det vill säga, de kämpar mot suget att röka utan uppehåll! Och sedan får de nya vanor, som att *jag inte kan stå i en cirkel där människor röker*, eller att *jag måste undvika platser där jag brukade röka*. Med andra ord, det är en evig kamp mot sig själv! Varför? Eftersom jag försöker kämpa mot mitt inre tillstånd, *och det fungerar inte!*

Jag kan inte kämpa mot min egen natur! Det är en förlorad kamp! Och samma sak gäller för saker som att *jag vill vara framgångsrik* och *jag vill bli frisk.*

Om mitt inre tillstånd är annorlunda, så kan jag kämpa så mycket jag vill på utsidan! Jag kommer antingen att kämpa hela mitt liv eller förlora kampen. Men jag kommer knappast att lyckas i denna kamp eller hitta nöje, glädje eller tillfredsställelse i det jag gör. Det är en kamp mot sig själv, och den kampen är aldrig vacker! Så vad gjorde jag istället? Jag tänkte för mig själv: *Ok, jag vill inte vara rökaren som kämpar mot sina begär och tvingar sig själv att inte röka*. För då är jag en rökare som bara tvingar sig själv att inte röka. Och denna inre kamp är inte bra för min tillfredsställelse och min hälsa.

Så jag frågade mig själv: *Ok, vad vill jag egentligen? Jag vill ha tillståndet av en icke-rökare!* För en icke-rökare kan stå i en cirkel av rökare. Han börjar inte röka och han har inte heller begär att röka. En icke-rökare kan ta ett bloss på en cigarett själv och han kommer fortfarande inte att börja röka. För det är äckligt för honom, eftersom cigaretten smakar äckligt. I icke-rökares tillstånd är rökning inte roligt alls. *Och det var min imaginära handling!*

Jag föreställde mig själv att ta ett bloss på cigaretten, och alla vet, oavsett hur länge sedan det var, att den första cigaretten är ganska äcklig. Och det var precis vad jag kunde smaka imaginärt. Det var det jag gjorde!

På utsidan har jag emellertid inte ändrat någonting alls! Det här exemplet visar mycket tydligt varför insidan är viktig och inte utsidan! Jag har upplevt denna handling och upprepade den på insidan, men på utsidan har jag inte medvetet förändrat något. *Det vill säga, på utsidan fortsatte jag bara att röka!* Det är total motsättning till att börja med, men jag brydde mig inte för jag vet att det fungerar från insidan till utsidan och inte tvärtom! Jag upprepade denna handling om och om igen på insidan och fortsatte att röka på utsidan, som jag sa. *Tills vid någon punkt på morgonen ville jag ta ett bloss på en cigarett, och det smakade bara äckligt! Och mitt begär att röka hade dött!*

Jag hade längre inte lust att röka. Det fanns ingen kamp! Inte ens när jag var ute med människor som rökte. Jag har fortfarande ingen lust att röka. Som en icke-rökare. En icke-rökare ser någon röka och tänker inte på det, han reagerar neutralt på det eller till och med negativt för att det luktar på något sätt obehagligt.

Det du ser i detta enkla exempel på rökning är att det inte finns något behov av disciplin om du känner till lagen. Din yttre värld är ett uttryck för ditt inre tillstånd. När jag vet det behöver jag inte disciplin för att sluta något, som att röka, eller för att förvärva något, som framgång eller hälsa! [...]"

Du kan välja vad som helst som ditt önskade inre tillstånd. Alla upplevelser, tankar, känslor och handlingar är ekvivalenta och lika viktiga från Guds perspektiv. Det finns inget rätt eller fel. Det handlar bara om vad vi vill för oss själva.

Som Neville sa: *"All uttryck har sin bas i vårt medvetande. Människan kan inte finna någon annan orsak till manifestation utom sitt eget medvetandetillstånd. Människan tror att han har funnit orsaken till sjukdom i bakterier, orsaken till krig i politisk-ideologisk konflikt och girighet. Nästan alla av människans upptäckter, som han tror är kloka, är dumheter i Guds ögon. Det finns bara en kraft, och den här kraften är Gud. Den dödar, den väcker till liv, den skadar, den läker. Den gör alla saker, bra, dåliga eller likgiltiga!"*

Förstå att allt du uppfattar är Gud, och därmed du själv! DU bestämmer vad du vill uppleva, vad du vill få återspeglat i din yttre värld.

Kapitel 4.7 - Nevilles föreläsning - Hur du använder din fantasi

Som en introduktion till manifestationstekniker vill jag dela med mig av ett utdrag från Neville Goddards föreläsning *"Hur du använder din fantasi"*[57] från 1955:

"[...] Syftet med denna inspelning är att visa dig hur du kan använda din fantasi för att uppnå dina önskningar. De flesta människor är helt omedvetna om den kreativa kraften av fantasi och underkastar sig alltid verklighetens 'fakta' och accepterar livet på grundval av världen utanför. Men när du upptäcker denna kreativa kraft inom dig själv, kommer du modigt att hävda fantasins överhöghet och sätta allt i underkastelse till den. När en man talar om Gud-i-människan är han helt omedveten om att denna kraft kallad Gud-i-människan är människans fantasi. DETTA är den kreativa kraften i människan. Det finns ingenting under himlen som inte är plastiskt som lera för krukmakarens beröring av fantasins formande ande.

En gång sa en man till mig: 'Du, Neville, jag älskar att lyssna på dig prata om fantasin, men samtidigt som jag gör det rör jag ofta vid stolen med mina fingrar och trycker mina fötter i mattan bara för att hålla fast vid min uppfattning om verkligheten och saker och tingens djup.' Han rör antagligen fortfarande vid stolen med sina fingrar och trycker sina fötter i mattan.

Låt mig berätta om en annan man som inte rörde sig vid stolen med fingrarna och inte pressade sin fot mot golvplattan på spårvagnen. Det är historien om

---

[57] tinyurl.com/UseImagination

en ung flicka som precis fyllt sjutton år. Det var julafton, och hon var hjärtekrossande ledsen, för det året hade hon förlorat sin far i en olycka och hon återvände till vad som verkade vara ett tomt hus. Hon hade ingen utbildning att tala om, så hon fick ett jobb som servitris. Denna kväll var det mycket sent på julafton, det regnade och spårvagnen var full av skrattande pojkar och flickor som var hemma för jullov, och hon kunde inte dölja tårarna.

Lyckligtvis för henne, som jag sa, så regnade det, så hon tryckte sitt ansikte upp mot himlen för att blanda sina tårar med regnet. Och sedan höll hon i stången på spårvagnen, och detta är vad hon gjorde, hon sa: "Det här är inte regn, det här är havsspray; och det här är inte saltet av tårar som jag smakar, för det här är saltet av havet i vinden; och det här är inte San Diego, det här är ett skepp, och jag kommer in i Samoa Bay." Och i den stunden kände hon verkligheten av allt hon hade tänkt.

Sedan kom slutet på hennes resa och alla steg av bussen.

Tio dagar senare fick den här flickan ett brev från en firma i Chicago som sa att hennes moster, flera år tidigare när hon seglade till Europa, deponerade tre tusen dollar med instruktioner om att om hon inte återvände till Amerika skulle dessa pengar betalas till hennes brorsdotter. De hade just fått information om mosterns död och följde nu hennes instruktioner. En månad senare seglade flickan till Samoa. När hon kom in i viken var det sent och det var salt från havet i vinden. Det regnade inte, men det var spray i luften.

Och hon kände vad hon hade känt en månad tidigare, bara den här gången hade hon uppnått sitt mål.

Nu är hela denna inspelning en teknik. Idag vill jag visa dig hur du kan sätta din fantastiska fantasi rätt in i känslan av din uppfyllda önskan och låta den stanna där och somna i det tillståndet. Och jag lovar dig, från min egen erfarenhet, kommer du att uppleva det tillstånd där du sover - om du faktiskt kan känna dig rätt in i situationen för din uppfyllda önskan och fortsätta där tills du somnar. När du känner dig rätt in i det, stanna i det tills du ger det alla nyanser av verkligheten och den sensoriska tydligheten av verkligheten. När du gör det, i det tillståndet, somna lugnt. Och på något sätt du aldrig kommer att veta - du kunde aldrig medvetet utforma de medel som skulle användas - du kommer att finna dig själv röra dig över en serie händelser som leder dig mot det objektiva förverkligandet av detta tillstånd.

Nu, här är en praktisk teknik: Det första du gör är att veta exakt vad du vill i den här världen. När du vet exakt vad du vill, skapa en fantasi så lik en verklig situation som möjligt, av vad du skulle se och vad du skulle röra och vad du skulle göra om du var fysiskt närvarande och fysiskt rörde dig i ett sådant tillstånd.

Till exempel, låt oss anta att jag vill ha ett hem, men jag har inga pengar - men jag vet fortfarande vad jag vill. Jag, utan att ta något i beaktande, skulle skapa en fantasi som liknar verkligheten av det hem jag skulle vilja ha, med alla de saker som jag skulle vilja ha. Och sedan, den här kvällen, när jag skulle gå och lägga mig, och i det dåsiga, sömniga tillståndet, det tillstånd som gränsar till sömn, skulle jag föreställa mig att jag faktiskt är i ett sådant hus, att när jag skulle kliva av sängen, skulle jag kliva på golvet i det huset, och när jag skulle lämna detta rum, skulle jag gå in i rummet som ligger intill mitt föreställda rum i det huset. Och medan jag rör vid möblerna och känner att de är verkligt solida, och medan jag rör mig från ett rum till ett annat i mitt föreställda hus, skulle jag somna i det tillståndet. Och jag vet att på ett sätt jag inte medvetet kunde utforma, skulle jag förverkliga mitt hus. Jag har sett det fungera om och om igen.

Om jag ville ha en befordran på mitt företag skulle jag fråga mig själv: "Vilka ytterligare ansvarsområden skulle jag ha om jag fick den här stora befordringen? Vad skulle jag göra? Vad skulle jag säga? Vad skulle jag se? Hur skulle jag agera?" Och sedan i min fantasi skulle jag börja se, röra, göra och agera som jag skulle göra utåt om jag var i den positionen.

Om jag nu önskade den perfekta partnern i mitt liv, om jag letade efter någon underbar tjej eller någon underbar man, vad skulle jag finna mig själv göra som skulle antyda att jag har hittat min partner? Till exempel, anta att jag nu var en kvinna, en sak jag skulle göra, jag skulle bära en vigselring. Jag skulle ta mina imaginära händer och känna ringen jag skulle tänka mig att ha på mig. Och jag skulle fortsätta känna den och känna den tills det verkade som att den var solitt verklig. Jag skulle ge den all dess sensoriska levande färg jag kan ge till något. Och medan jag känner min imaginära ring - som antyder att jag är gift - skulle jag somna.

Denna berättelse har berättats i Höga visan, eller Sångernas sång:

Det sägs, 'Där jag låg i min bädd om natten sökte jag honom som min själ har kär. Jag grep honom och släppte honom inte förrän jag fört honom in i min mors hus, in i kammaren hos henne som fött mig.'[58] Om jag skulle ta den vackra dikten och skriva den på modern svenska, i praktiskt språk, skulle det vara så här: "Medan jag sitter i min stol skulle jag känna mig rätt in i situationen för min uppfyllda önskan, och när jag väl känner mig i den situationen skulle jag inte släppa den. Jag skulle hålla den känslan vid liv, och i den känslan skulle jag sova. Jag skulle ta det 'in i min mors hus, in i kammaren hos henne som fött mig'.

Människor är helt omedvetna om denna extraordinära kraft hos fantasin, men när människan börjar upptäcka denna kraft inom sig spelar han aldrig mer den roll som han tidigare spelade. Han vänder inte tillbaka och blir bara en åskådare av livet; från och med nu är han påverkaren av livet. Hemligheten är att centrera din fantasi i känslan av det uppfyllda önskemålet och fortsätta att vara där. För i vår förmåga att leva i känslan av det uppfyllda önskemålet ligger vår förmåga att leva ett mer rikt liv. De flesta av oss är rädda för att föreställa oss själva som viktiga och ädla individer som med säkerhet bidrar till världen bara för att, i det ögonblicket vi börjar vårt antagande, förnekar förnuftet och våra sinnen sanningen i vårt antagande. Vi verkar vara i greppet av en omedveten drift som får oss att desperat hålla fast vid

---

58 Höga Visan 3:1-5 - biblehub.com/songs/3-1.htm

den bekanta världen och motstå allt som hotar att dra oss bort från våra bekanta och till synes säkra förtöjningar.

Nåväl, jag vädjar till dig att prova det. Om du provar det, kommer du att upptäcka denna stora visdom hos de uråldriga, för de berättade det för oss i sin egen underliga, underbara, symboliska form. Men tyvärr tolkade du och jag deras historier fel och tog det som historia när de avsåg det som instruktion för att uppnå vårt mål. Fantasi sätter oss inåt i kontakt med tillståndens värld. Dessa tillstånd är närvarande nu, men de är bara möjligheter medan vi tänker på dem. Men de blir överväldigande verkliga när vi tänker FRÅN dem och bor I dem.

Det är en stor skillnad mellan att tänka PÅ vad du vill i den här världen och att tänka FRÅN vad du vill. Låt mig berätta när jag först hörde talas om denna underliga och fantastiska kraft hos fantasin. Det var 1933 i New York. En gammal vän till mig lärde mig det.

Han vände sig till fjortonde kapitlet i Johannesevangeliet, och detta är vad han läste: "I min Faders hus finns många rum. Om det inte vore så, skulle jag då ha sagt er att jag går bort för att bereda plats åt er? Och om jag än går och bereder plats åt er, skall jag komma tillbaka och ta er till mig, för att ni skall vara där jag är."[59] Han förklarade för mig att denna centrala karaktär i evangelierna var den mänskliga fantasin; att "rum" inte var en plats i något himmelskt hus utan helt enkelt min önskan. Om jag skulle skapa

---

[59] Johannes 14:2-3 - biblehub.com/john/14-2.htm

en levande representation av det önskade tillståndet och sedan gå in i det tillståndet och stanna kvar där, skulle jag förverkliga det.

Vid den tiden ville jag göra en resa till ön Barbados i Karibien, men jag hade inga pengar. Han förklarade för mig att om jag den här kvällen i New York antog att jag sov i min fars hus på Barbados och somnade djupt i det tillståndet, skulle jag göra min resa. Ja, jag tog honom på orden och försökte det. Under en månad, natt efter natt, när jag somnade, antog jag att jag sov i min fars hus på Barbados. Efter min månad fick jag en inbjudan från min familj att tillbringa vintern på Barbados. Jag seglade till Barbados i början av december det året.

Från och med då visste jag att jag hade funnit denna räddare i mig själv. Den gamle mannen sa att det aldrig skulle misslyckas. Även efter att det hade hänt kunde jag knappt tro att det inte skulle ha hänt ändå. Så konstigt är hela denna sak. På eftertanke händer det så naturligt att du börjar känna eller tala med dig själv och säger: "Ja, det skulle ha hänt ändå", och du återhämtar dig snabbt från denna underbara upplevelse.

Det har aldrig misslyckats för mig om jag ger humöret, det inbillade humöret, sensorisk livaktighet. Jag kan berätta om otaliga fallhistorier för att visa dig hur det fungerar, men i grunden är det enkelt: du vet helt enkelt vad du vill ha. När du vet vad du vill ha, tänker du på det. Men det räcker inte. Du måste nu börja tänka FRÅN det. Men hur kan jag tänka från det? Jag sitter här och önskar att jag var någon annanstans.

Hur kan jag, medan jag fysiskt sitter här, placera mig i fantasin på en punkt i rummet som är bort från det här rummet och göra det verkligt för mig?

Ganska lätt. Min fantasi sätter mig i kontakt med det tillståndet. Jag föreställer mig att jag är där jag vill vara. Hur kan jag säga att jag är där? Det finns ett sätt att bevisa att jag är där, för vad en man ser när han beskriver sin värld är relativt för honom själv när han beskriver den. Så, vad världen ser ut som beror helt på var jag står när jag gör min observation. Så om min värld, som jag beskriver den, är relaterad till den punkt i rymden som jag föreställer mig att jag ockuperar, så måste jag vara där. Jag är inte där fysiskt, nej, men jag ÄR där i min fantasi, och min fantasi är mitt verkliga jag! Och dit jag går i fantasin och gör det verkligt, kommer jag också att gå i köttet. När jag somnar i det tillståndet är det klart. Jag har alltid sett att det lyckas. Så här är den enkla tekniken för hur du använder din fantasi för att uppnå ditt varje mål.

Här är en mycket hälsosam och produktiv övning för fantasin, något som du bör göra dagligen: Återupplev dagen som du önskar att du hade levt den, revidera scenerna för att göra dem förenliga med dina ideal. Till exempel, om dagens post innehöll besvikande nyheter, revidera brevet. Skriv om det mentalt och gör det förenligt med de nyheter du önskat att du hade fått. Eller antag att du inte fick det brevet du önskade att du hade fått. Skriv ett brev till dig själv och föreställ dig att du fått ett sådant brev.

Låt mig berätta en historia som hände för länge sedan i New York. I min publik satt en dam som hade hört mig berätta historien om revision många gånger. Jag försökte visa att en person som inte känner till kraften i fantasin, går och lägger sig på kvällen trött och utmattad och accepterar alla händelser under dagen som slutgiltiga. Jag försökte visa att denna person bör, innan han somnar, skriva om hela dagen och låta den motsvara den dag han önskat att uppleva.

Här är ett exempel på hur denna dam visade på ett visdomsfullt sätt hur denna princip kan användas: För två år sedan fick hon order om att lämna sin svärdotter. Under två år fanns det ingen korrespondens. Hon hade skickat sitt barnbarn minst två dussin presenter under denna tid, men endast några av dem hade erkänts. Efter att ha hört om revisionshistorien gjorde hon följande: När hon gick och lade sig på kvällen konstruerade hon mentalt två brev, ett hon tänkte sig att komma från sitt barnbarn och ett annat från sin svärdotter. I dessa brev uttryckte de djup kärlek till henne och undrade varför hon inte hade ringt för att träffa dem.

Hon gjorde detta under sju kvällar i följd och höll i sin inbillade hand det brev hon tänkte sig att ha fått och läste brevet om och om igen tills det väckte tillfredsställelsen av att ha fått det. Sedan sov hon. På den åttonde dagen fick hon ett brev från sin svärdotter. Det fanns två brev på insidan, ett från hennes barnbarn och ett från svärdottern. De duplicerade nästan de inbillade brev denna mormor hade skrivit till sig själv åtta dagar tidigare.

Denna konst av revision kan användas inom alla områden i ditt liv. Ta frågan om hälsa som exempel.

Antag att du är sjuk. Framkalla i dina inre ögon vad en vän skulle se. Ge det ansiktet ett uttryck som antyder att han eller hon ser det du vill visa hela världen. Tänk dig att han eller hon säger till dig att han aldrig har sett dig se bättre ut, och du svarar, "Jag har aldrig mått bättre."

Låt oss anta att din fot är skadad. Gör då följande: Konstruera mentalt en scen som antyder att du går - att du gör allt det du skulle göra om foten vore normal och gör det om och om igen tills det tar på sig tonerna av verkligheten. När du i din fantasi gör det som du skulle vilja göra i den yttre världen, kommer du att göra det i den yttre världen.

Den enda förutsättningen är att du väcker din uppmärksamhet på ett sätt och till en sådan intensitet att du helt uppslukas i den reviderade handlingen. Du kommer att uppleva en expansion och förfining av sinnena genom denna imaginära övning och så småningom uppnå vision i den inre världen. Det överflödande liv som utlovats oss är vårt att njuta av nu, men inte förrän vi har känslan att skaparen är vår fantasi.

En uthållig fantasi, centrerad i känslan av uppfylld önskan, är hemligheten bakom alla framgångsrika operationer. Detta ensamt är medlet för att uppfylla intentionen.

Varje steg i människans framsteg görs genom medveten, frivillig träning av fantasin. Då kommer du att förstå varför alla poeter har betonat vikten av kontrollerad, livfull fantasi.

Lyssna på denna av den store William Blake:

"I din egen barm bär du din himmel och jord,
och allt du ser, även om det framträder utan,
det är inom, i din fantasi,
av vilken denna dödlighetens värld bara är en skugga."[60]

Prova det, och du kommer också att bevisa att din fantasi är skaparen. [...]"

[60] Den fullständiga poesin och prosan av William Blake
tinyurl.com/CompletePoetry

Kapitel 5 - Guide till hur du manifesterar alla dina önskningar

Neville kallade vår förmåga att manifestera medvetet för den *Fantastiska Mänskliga Fantasin*. Nedan hittar du en enkel steg-för-steg-guide för att manifestera:

Precis innan du går och lägger dig, föreställ dig mentalt att din önskan redan har uppfyllts. Du föreställer dig inte hur eller varför din önskan har gått i uppfyllelse, utan bara att det redan har hänt. För att göra denna mentala bild så realistisk som möjligt använder du en, flera eller alla dina imaginära sinnen. Till exempel ser du ansiktet på en vän som är glad för din skull eftersom din önskan har gått i uppfyllelse; du kan också höra en vän gratulera dig för att din önskan uppfyllts. Du kan krama en vän och känna glädjen av att din önskan har uppfyllts. Eller så kan du lukta eller smaka något i denna mentala handling som du associerar med att din önskan har gått i uppfyllelse.

Genom att använda dina imaginära sinnen hamnar du i stämningen av att din önskan har uppfyllts, att det känns verkligt. Sedan tar du denna stämning, denna känsla med dig in i sömnen. Du somnar och känner att din önskan redan har uppfyllts.

Gör detta under 3-7 dagar i följd!

Detta kommer att få känslan att planteras i ditt undermedvetna, och genom det planteras fröet för din manifestation eller önskning som går i uppfyllelse.

Därefter kommer det att gro, växa och slutligen bära frukt, det vill säga din önskning som går i uppfyllelse som du kommer att skörda i den yttre världen. Du kommer automatiskt att ta vägen till din önskning som går i uppfyllelse eftersom ditt undermedvetna reaktivt kommer att föra dig till detta tillstånd i den yttre världen, som återspeglar stämningen av din önskning som gått i uppfyllelse. Och det är allt! *Detta är kärnan i manifestation som du behöver veta.*

Låt oss fördjupa oss i varje steg i processen:

1. Önskan

Du är ren medvetenhet, Guds fantasi! Du är hjärtat och sinnet hos Gud. Allt du kan uppfatta är fantasi! Din framtid är din imaginära aktivitet uppfattad som sann i dess skapande arbete. Var medveten om det! Du är redan en mästare på att manifestera. Kraften som skapade denna värld - Guds fantasi - är du! Du är medvetandet hos Gud! Därför kan du skapa allt du kan föreställa dig - din värld av önskningar. När du kan föreställa dig det, är det gjort. Din önskan är uppfylld! Och ju starkare din *tro*, din *kunskap* och din *övertygelse* om det, desto starkare kommer dina manifesteringskrafter att utvecklas. Din imaginära handling tillsammans med känslan av att din önskan är uppfylld mognar till manifestation och blir därmed helt normal för dig. Du byter till din drömvärld! *Säkerheten, tron* att din önskan redan är uppfylld, är den *största intensiteten* [I³] du kan samla.

Var medveten om vad du verkligen vill med hela ditt hjärta. Känner du stark längtan efter det? Ju mer intensiv önskan är, desto mer energi finns tillgänglig för att manifestera den. Oavsett hur stort det är: Varje önskan du har kan bara uppstå i dig eftersom den *redan är uppfylld*. Önskans uppfyllelse finns redan eftersom *skapelsen är perfekt. Det är komplementärt*. Versionen av dig som har uppfyllt denna önskan finns redan parallellt med ditt nuvarande jag. Därför kan du när som helst ändra ditt medvetande och anta den önskade versionen av dig själv. När du vet exakt vad du vill och önskar, börjar du din imaginära handling.

2. Den imaginära handlingen

På kvällen, innan du somnar, lägg dig i sängen och centrera din kropp och ditt sinne. Du kan göra detta med en enkel andningsövning:

- Andas djupt in genom näsan i 3 sekunder, håll andan i 1 sekund, och andas sedan ut genom munnen i 3 sekunder.

- Gör detta tre gånger i rad, och du kommer att slappna av och komma till nuet.

Stäng nu dina ögon, fortsätt att vara i avslappnings-tillståndet, och föreställ dig din önskan som uppfylld i slutet – till exempel, ögonblicket eller dagen efter din önskan har gått i uppfyllelse!

Vad skulle du göra om din önskan gick i uppfyllelse? Vad skulle du se? Vad skulle du röra vid? Vad skulle du säga till dina nära och kära omkring dig? Vad skulle de säga till dig?

Det är viktigt att du *tänker från* din önskan som upp-fylld och *inte om* din önskan. Din imaginära handling, den mentala scen du föreställer dig, måste antyda att din önskan *redan har gått i uppfyllelse!* Du föreställer dig inte *HUR* eller *VARFÖR* du har uppfyllt din öns-kan. Välj därför en scen som äger rum till exempel en dag efter att din önskan har gått i uppfyllelse.

Skapa en kort scen. 10 sekunder räcker. Det kan också vara 1-2 minuter. Det viktiga är: Låt inte ditt sinne frestas att lägga till fler saker eftersom din känsla bör förbli stabil. Neville sa om detta: "Sinnet är som en envis häst. Du måste träna det på samma sätt." Hur? Genom att ha det utföra samma sekvenser upprepade gånger! Fokusera och upprepa endast den korta scenen som antyder att din önskan har gått i uppfyllelse. *Om och om igen!* Upprepa det tills känslan av verklighet uppstår i dig. Upprepa det tills du känner att din önskan nu har uppfyllts och hungern efter den har tillfredsställts.

Använd dina imaginära sinnen för att göra din mentala handling så realistisk som möjligt. Känn och rör vid föremål du önskar. Hör rösten från en älskad eller vän som gratulerar dig. Smaka eller känn doften av något i din mentala handling. Använd åtminstone ett eller alla dina imaginära sinnen för att uppleva din mentala handling som om den vore verklig! I det bästa fallet går det så långt att du, när du öppnar dina ögon, blir förvirrad, nästan chockad över var du är.

Under den mentala handlingen, se till att du ser ut som om dina ögon var öppna. Det vill säga, du ser inte dig själv från en annan persons perspektiv. Du kan se dina ben och fötter, dina armar och händer eller delar av din kropp. Du är skådespelaren och inte den observerande personen i din mentala handling. Precis som i *verkliga livet.*

Du gör denna mentala handling *EFTERSOM* det händer för dig och *INTE* för att orsaka en manifestation! Din fantasi är samma kraft som skapade den här världen vi lever i. Genom den mentala handlingen, som uppfattas som sann, skapar du din nya verklighet - du upplever din mentala handling precis som vilket annat ögonblick i ditt liv. Titta på den, lev den, känn den, för det händer verkligen, och du njuter av den! Manifestationen är en effekt av den mentala handlingen och känslan av att den verkligen äger rum - det är inte orsaken till den. Kom ihåg: En förändring på utsidan kan bara ske om en inre förändring har föregått den!

Din imaginära handling behöver inte hända precis innan du somnar, men det rekommenderas starkt. Neville talar om ett *tillstånd som liknar sömn* - ett sömnliknande tillstånd där du är helt avslappnad och dina sinnen vänds bort från den yttre världen.

3. Känslan

Känn uppfyllelsen av ditt önskemål i ditt hjärta! Hur skulle du känna dig dagen efter att din önskan hade gått i uppfyllelse? Hur glad och uppfylld skulle du vara? Lyssna på en nära vän som gratulerar dig till uppfyllandet av din önskan eller krama den här personen och känn deras kropp för att göra känslan ännu mer realistisk och intensiv. Det rekommenderas att välja en eller flera personer du känner mycket väl, så att du kan föreställa dig deras röst, reaktioner, ansiktsuttryck, etc. väl i din imaginära handling. Välj personer som verkligen skulle vara glada för dig.

Använd dina imaginära sinnen för att framkalla känslan av äkthet. Din önskan går i uppfyllelse i det ögonblick den känns verklig för dig! Upprepa den mentala handlingen dagligen tills den känns verklig för dig, tills den verkar helt naturlig för dig. Ditt humör, din vibration, är i fullständig samklang med din önskans uppfyllelse!

Öppna ditt hjärta, känn så djupt och intensivt som du kan. Om ditt sinne vandrar under den mentala handlingen, vägled det tillbaka till början av handlingen och börja om. Träna ditt sinne som en envis häst. Låt ditt sinne utföra samma sekvens, samma mentala handling, upprepade gånger!

Det ögonblick du känner att din önskan är sann, måste du släppa taget om den. Din hunger efter din önskan har blivit tillfredsställd! Du kan inte vara i tillståndet av önskans uppfyllelse och samtidigt önska den! *Din önskan har redan blivit uppfylld, och därför finns det inget behov av önskan längre - släpp taget!*

4. Tacksamhet

Eftersom du känner att din önskan har uppfyllts, är du fylld av tacksamhet att din önskan har beviljats dig. Bördan har tagits bort från dig - vilken lättnad! Du har äntligen det du önskade så innerligt!

Känslan av tacksamhet är viktig eftersom den fångar den känsla som du behöver för att använda lagen om antagandet. Du kan uttrycka tacksamhet genom att säga något som:

- Visst är det underbart?!

- Tack, Gud!

- Det är klart!

- Jag är oändligt tacksam!

- Tack, tack, tack!

5. Sömnen

Medan du är i tillståndet av tacksamhet som följer av att du upplever att din önskan har uppfyllts, somnar du; du tar med dig (tillståndet av) medvetandet, känslan av din önskan uppfylld in i sömnen, och fröet till din manifestation läggs i det undermedvetna sinnet. Du kan somna under imaginära akten eller i tacksamhet när du upplever din önskan som uppfylld. Det viktigaste är att ta med dig det önskade medvetandetillståndet in i sömnen.

Viktigt: Öva på den imaginära akten och känslan av tacksamhet under 3-7 dagar i följd!

I ett sömnliknande tillstånd är gränsen mellan medvetandet och undermedvetandet mycket genomtränglig. Ditt undermedvetna sinne är platsen där alla dina reaktiva tankar, känslor och handlingar kommer ifrån. Om du vill komma till tillståndet av din önskan uppfylld måste du anpassa ditt undermedvetna därefter. Ditt medvetande och undermedvetande måste stämma överens med varandra. Hur gör du det? Genom att ta med dig känslan av din önskan uppfylld in i sömnen. På så sätt tar ditt inre tillstånd av önskeuppfyllelseform och reflekteras i din yttre värld.

6. Den yttre världen

Beroende på vad du har manifesterat och hur intensiv känslan är under det mentala tillståndet kommer manifestationen att ta en förbestämd tid. Som Neville uttryckte det: "En människa tar cirka 9 månader, en häst tar cirka 12 månader, ett får tar cirka 4 månader och en kyckling inte ens en månad. Varje manifestation har sin förutbestämda tid tills den blir synlig och kännbar utanför dig. [...] Tidsramen tills uppfyllandet av ditt önskemål är proportionell mot hur naturligt du kan känna antagandet."

Ögonblicket, då ditt antagande om uppfyllandet av din önskan känns äkta och naturlig, planteras fröet i ditt undermedvetna sinne. Följaktligen kommer din önskan också att speglas på utsidan. *Det som finns inom finns även utom!*

För att nå denna känsla av äkthet och naturlighet måste du fortsätta att vara i tillståndet av att din önskan har uppfyllts när du somnar - oavsett nuvarande omständigheter! Du förblir i känslan av din önskan uppfylld tills du har tillfredsställt din hunger efter det. Detta är signalen till ditt undermedvetna sinne och säger: *Det har hänt!*

Vad du uppfattar under följande timmar, dagar, veckor eller månader på utsidan har INGEN relevans! Yttre omständigheter är en *effekt* och orsakas av ditt medvetandetillstånd. Du kan inte göra mycket åt det på utsidan. Istället går du in i medvetandetillståndet att din önskan redan har uppfyllts. Vår så kallade verklighet bara ekar! Den yttre uppfattbara världen är inget annat än en spegling av vårt inre medvetandetillstånd. Din uppgift är att stanna i antagandet, i medvetandetillståndet, att din önskan redan har uppfyllts. Denna känsla är den enda förutsättningen för din manifestation!

I tillståndet av önskeuppfyllelse kommer du att tänka och känna som om din önskan redan har uppfyllts. Använd tacksamhet för att antyda känslan av önskeuppfyllelse. Dessutom bör du vara uppmärksam på dina tankar - särskilt din inre dialog. Din inre dialog indikerar om du är i känslan av önskeuppfyllelse. Om du till exempel tänker på *HUR* eller *VARFÖR* din önskan kommer att uppfyllas, eller oroar dig över hur lång tid det kommer att ta, eller debatterar med dig själv om uppfyllelsen av din önskan, är du i fel tillstånd och inte i önskeuppfyllelsens tillstånd! I dessa ögonblick har du två möjligheter:

- Gå in i tacksamhet för att din önskan redan har gått i uppfyllelse.

- Du skriver om omedelbart din inre dialog; oroande inre dialoger blir dialoger om tro, tvivel blir självsäkerhet och så vidare. Gör detta medvetet så att känslan av tacksamhet kommer lättare och snabbare.

Du kan lätt avgöra om du har samlat tillräckligt med "tanke-känsla-material" genom dina reaktioner på dina yttre omständigheter. Låt oss säga att du vill manifestera ekonomisk frihet. Oroar du dig för räkningar i brevlådan? Köper du alltid saker på rea? Hur känner du när du tittar på ditt bankkonto?

Dina reaktioner berättar sanningen om ditt nuvarande medvetandetillstånd. Om du har känslor av rädsla eller tankar som *"jag har inte råd med detta"*, är du inte i önskeuppfyllelsens tillstånd. Om dina känslor förblir neutrala när du tittar på en räkning och du ser inga problem i det, eftersom du *vet* att du lätt kan betala för det, då är du i rätt medvetandetillstånd - önskeuppfyllelsens tillstånd.

Det kan ta tid innan du ser på utsidan att din inre verklighet har fört dig till den önskade yttre verkligheten. Denna process av inre omstrukturering visar sig vanligtvis på utsidan genom *ovanliga, oväntade* eller *plötsliga händelser;* idéer, möten, uppenbara sammanträffanden som för dig allt närmare din önskan. Neville Goddard kallar detta *bron av händelser* till uppfylld önskan! Detta betyder att du har byggt en bro mellan din nuvarande uppfattbara verklighet och din önskade verklighet.

Att ändra rum-tidsdimensioner kommer inte att hända direkt från din faktiska verklighet till din önskade verklighet, men du kommer att penetrera ett lager efter det andra tills du kommer dit du vill vara. Varje lager kommer att visas i din yttre värld som en *ny, ovanlig, oväntad eller plötslig händelse.*

Viktigt: Du kan inte och bör inte föreställa dig *hur* din önskan kommer att gå i uppfyllelse! Guds sätt är oförklarliga!

Beroende på vad du har önskat - kärlek, hälsa eller rikedom - kan vägen till önskan vara tuff och oförutsägbar. Kanske behöver du gå igenom en separation för att hitta kärleken i ditt liv; kanske måste du ringa till en akutläkare för att trigga din läkning; du kan bli uppsagd och tvingas hitta och acceptera andra sätt att tjäna pengar. Bry dig inte om hur, när eller varför på utsidan!

När du ändrar ditt medvetandetillstånd byggs det upp och börjar vibrera, som en klocka som resonerar och genljudar i en specifik ton när den ringer. Det kan ta tid innan den gamla tonen inte längre hörs och den nya tonen blir helt hörbar.

I det tillstånd av önskeuppfyllelse som du befinner dig i motsvarar din känsla det faktum att din önskan redan har uppfyllts, och så *MÅSTE* det reflekteras på utsidan. Det finns inget annat sätt - detta är den andra Hermetiska principen.

Förbli i ditt antagande och din inre värld - ditt medvetandetillstånd - kommer att materialiseras på utsidan till verklighet.

Den gyllene biljetten till önskeuppfyllelse är känslan av tacksamhet eller lättnad över att din önskan redan har gått i uppfyllelse. Denna känsla av tacksamhet eller lättnad bör bli naturlig för dig. *MEN*: Vi fokuserar *ENDAST* på oss själva och *INTE* på målet. Målet har redan uppnåtts - tänk på det som ett minne. Fokusera på dig själv och känslan!

7. Uppfyllelsen av önskan

Nu när din önskan har blivit uppfylld kommer nya önskningar automatiskt att visa sig, som härstammar från ditt nyss antagna medvetandetillstånd. De väntar bara på att manifesteras! Neville sa:

"[...] Tro på verkligheten av den imaginära handlingen. Det kan hända imorgon. Det kan hända en dag efteråt eller en vecka senare, eller en månad senare. Det har sin egen utsedda timme och det mognar och går mot blomning. Så var inte orolig. Låt det vara och det kommer att ske.

Detta är vad jag menar med att *känslorna är hemligheten*. Jag fångar stämningen, känslan som skulle vara min om jag vore det jag vill vara. Jag behöver inte röra vid något i den imaginära handlingen. Jag kan om jag vill. Men det är *känslan* jag pratar om. Vad skulle du känna om du var frisk? Om du var det ena eller det andra? Och sedan fångar du det. Precis som om det vore sant.

Du går alltid till slutet. Slutet är där du börjar. Vi föreställer oss alltid *bortom* bevisen, så gå till slutet och stanna i det slutet, även om förnuft och sinnen förnekar det. Vänd ryggen mot tvivlarna! Tvivlarna är dina sinnen och vad förnuftet dikterar. Det är helvetet eller djävulen eller Satan i världen. Det är tvivlaren.

Så, du vänder ryggen till det och sedan går du som om saker och ting var som du vill att de ska vara. Medan du lever i det antagandet, så härdas den sakta till fakta, även när den förnekas av förnuftet, även när ett antagande går fel. Om du fortsätter med det kommer det att härdas till fakta. Så, du lär dig att anta och att fortsätta med antagandet, och genom detta kommer det att ske."

Varje önskad situation i livet är kopplad till en viss känsla. Varje mål vi når i livet, varje önskan vi uppfyller i livet, medför en speciell känsla när vi når dit. Det är *denna känsla* som vi använder som ett verktyg.

Önskningen

- Din medvetenhet och Guds medvetande är ett! Den kraft som skapar denna värld är samma kraft som du bär inom dig för att skapa din värld.
- Hitta en önskan som du verkligen längtar efter. Ju större din längtan är, desto mer energi finns tillgänglig för att förverkliga den.

Den imaginära handlingen

- Skapa en kort scen som antyder att din önskan redan har gått i uppfyllelse.
- Om du vill föreställa dig en scen där människor gratulerar dig, välj människor som du känner väldigt väl - det är lättare att föreställa sig dem.

Känslan

- Dina imaginära sinnen ger dig känslan av autenticitet. Du kan använda en, flera eller alla dina imaginära sinnen (se, röra, smaka, lukta, höra).
- Genomför handlingen tills du känner att din önskan redan har uppfyllts, tills det känns helt naturligt för dig.

Tacksamhet

- Känslan av att din önskan har uppfyllts leder till en känsla av tacksamhet eller lättnad över det.
- Tacksamhet eller lättnad indikerar att du släpper taget om önskningen.

Sömn

- I tacksamhet eller lättnad över att din önskan har uppfyllts, somnar du. Upprepa detta under 3-7 dagar i följd.
- Genom att göra detta smälter din nuvarande medvetandetillstånd samman med ditt undermedvetna sinne och fröet till manifestation planteras.

Den yttre världen

- Fröet till din manifestation behöver sin förbestämda tid innan det kan visa sig fullständigt i det yttre. Låt dig inte bländas av yttre omständigheter under denna tid.
- Lägg märke till din inre dialog. När du tvivlar, använd tacksamhet över att din önskan redan har gått i uppfyllelse. Fokusera på dig själv.

Uppfyllelsen av önskan

- Du kommer gradvis att korsa "bron av händelser" som kommer att leda dig till uppfyllelsen av din önskan.
- Din önskan har visat sig helt i din yttre värld vid den förbestämda tiden. Din nya inre värld är nu synlig i den yttre världen.

136

Kapitel 5.1 - De viktigaste tipsen och tricksen när du manifesterar

1. När du har planterat ditt frö, är det mycket viktigt att du inte går runt och berättar för alla vad du försöker manifestera. Fokusera inte på sakerna eller personen, fokusera ENDAST på känslan att saken eller personen redan finns i ditt liv. Fokusera på *dig själv*. Känn bara att det *redan har hänt*. Genom att göra detta tar du alla åskådare ur ekvationen.

Neville beskrev det så här: *"När du planterar ett frö tar du inte upp det ur marken och visar upp det. Du väntar tills skottet och de första bladen och blommorna dyker upp. Från den punkten kan alla se vad du har manifesterat."*

2. Du behöver inte göra några ansträngningar för att uppfylla dina önskningar, eftersom du kommer att ta de rätta stegen omedvetet.

Neville sa: *"Det är en missuppfattning att det finns något du kan göra, förutom att acceptera känslan av önskeuppfyllelse, för att stödja förverkligandet av önskan. [...] Därför säger jag till dig: Oavsett vad du ber och frågar om, tro att du redan har fått det och det kommer att ges till dig."*[61]

Vi förväntar oss ingenting, för vi har redan allt. Vi är i försäkran!

Viktigt: Handlingar, tankar och känslor som *tvingar* önskeuppfyllelsen återspeglar ett medvetandetillstånd som inte stämmer överens med din önskeuppfyllelse.

---

[61] Markusevangeliet 11:24 - biblehub.com/mark/11-24.htm

Dina reaktioner på omvärlden visar dig ditt medvetandetillstånd. Om dina tankar, känslor och reaktioner inte stämmer överens med din önskeuppfyllelse, innebär detta för dig: *Tillbaka till början!*

3. Du bör inte försöka manifestera en önskan vid en specifik tidpunkt. Jag säger inte att det inte fungerar, men det finns flera anledningar till varför jag inte rekommenderar det. För det första är tid bara ett spel i sinnet - allt sker i nuet. Det finns bara detta ögonblick.

Dessutom är risken hög att du sätter dig under onödig press och att manifestera under press fungerar inte. Du gör det onödigt svårt för dig att upprätthålla känslan av att din önskan har uppfyllts.

Varje manifestation har också sin egen förbestämda tid tills den helt manifesterar sig på utsidan. Så var självsäker och säker på det. Din manifestation kommer att dyka upp vid den bästa tiden för dig.

4. När du finner dig själv tänka OM din önskan istället för FRÅN din önskan som uppfylld, gå tillbaka till tacksamhet att din önskan redan har uppfyllts. Du kan inte tänka på din önskan om den redan har hänt (i din fantasi). Det finns inget *tänk om* eller *när* eller *hur* eller *varför* när du är i medvetandetillståndet av din önskans uppfyllelse. Detta är vad Neville menade med att *leva i slutet,* så tänk, känn och agera som om din önskan redan har uppfyllts.

Om du inte kan gå till tacksamhet, om du bara inte känner önskans uppfyllelse, om du inte kan upprätthålla ditt nya medvetandetillstånd, gör då ovanstående instruktioner för att manifestera igen precis innan du somnar. Fortsätt med det tills du verkligen känner önskans uppfyllelse! Fortsätt med det tills hungern för det är helt tillfredsställd; tills du bär ditt nya medvetandetillstånd som en ny doft, en ny skjorta eller klänning. Bär ditt nya medvetandetillstånd och känn det. Det känns bra. Det är en bra, vacker och ny känsla. Bär den även om dina yttre sinnen förnekar det till en början.

Neville sa: *"Så, kom ihåg att din underbara värld inte är begränsad av dina sinnen. Du uppfattar mycket, mycket mer än vad dina yttre sinnen någonsin kan upptäcka, så skarpa som de än kan vara."*

Om möjligheterna i denna värld begränsades av dina yttre sinnen, skulle du aldrig kunna växa bortom dig själv och aldrig uppleva något nytt och okänt. Det okända är den bästa och enda platsen för nya upplevelser; ingenting nytt kan upplevas från det kända, nuvarande tillståndet. Kom ihåg, säkerheten att din önskan redan har uppfyllts är den enda förutsättningen för din manifestation: *Enligt din tro, skall det bli gjort åt dig.*[62]

Klarhet och säkerhet är nödvändiga, men den goda nyheten är att de kommer automatiskt när du börjar tillämpa teknikerna som beskrivs här. Du kommer medvetet manifestera små och stora saker. Börja från ditt medvetandetillstånd, och du kommer att känna gränslös lätthet i livet och stöta på situationer som är fulla av äventyr.

---

[62] Matteusevangeliet 9:29 - biblehub.com/matthew/9-29.htm

5. Se till att inte önska negativa saker. Nu kan en eller annan person tänka: *Men jag önskar något riktigt dåligt åt den personen! Det är min största önskan!*

Kom ihåg att ingenting existerar utanför dig. Vi är en medvetenhet, en själ, ett hjärta. Vad du önskar för någon annan önskar du för dig själv. Detta är varför du aldrig bör manifestera något du inte skulle önska för dig själv. De hermetiska principerna 5 och 6 skapar en balans på olika nivåer. Detta innebär att på ett eller annat sätt kommer (negativ) effekten av det du sätter som orsak att komma tillbaka till dig.

Men är det möjligt att skada människor med manifestation? Allting är möjligt, det finns inga gränser. Men genom att skada andra, kommer du alltid skada dig själv.

Detta betyder *INTE* att någon annan kan påverka dina manifestationer. När du är i tillståndet av din önskan uppfylld, blir denna säkerhet en del av den kollektiva medvetenheten och *MÅSTE* därmed återspeglas i den yttre världen.

6. Under hela manifestationprocessen, sätts spakar i rörelse som du inte förutser. Effekterna kan vara till exempel att någon får en förkylning och botar sig hemma för att göra din manifestation möjlig; eller att ekonomiavdelningen gör ett brutalt misstag, och din lön överförs alldeles för tidigt för att din manifestation ska visa sig i den yttre världen. Lita på processen och oroa dig inte – Guds vägar är ofattbara!

7. Beroende på vad du önskar och manifesterar i ditt liv, kommer ditt medvetandetillstånd att förändras så mycket att du också förändras som människa.

Detta är väsentligt eftersom ditt medvetandetillstånd har en stor påverkan på ditt beteende och för att nå dina önskningar måste du tänka och agera annorlunda.

Ett exempel: Du önskar en miljard kronor. Därför tilllämpar du den beskrivna manifestationsmetoden för att förvandlas till det önskade medvetandetillståndet hos en miljardär. Genom att göra det, antyder du till dig själv känslan av att ha en miljard kronor.

Men varifrån kommer pengarna? Genom ett överföringsfel? Det är möjligt, men för många rätt osannolikt. Vad som istället händer är detta: Du är nu i medvetandetillståndet hos en person med miljarder i tillgångar, och så *tänker, känner, agerar och reagerar* du därefter. Genom detta kommer det liv du för närvarande lever, din miljö, din karriär, dina relationer, dina känslor, ditt val av ord, dina tankar; allt detta med tiden upphöra att existera och ersättas med en ny miljö, en annan verksamhet, och rätt känslor och tankar som bekräftar din självbild som miljardär. Din självbild bestämmer ditt liv! *Din tro är ditt öde!*

8. Du manipulerar ingen annan än dig själv! Allt som är, finns inom dig. Hela universum är inget annat än en yttre projicering av ditt inre tillstånd. Genom att omforma och omstrukturera ditt inre tillstånd kommer den yttre världen att anpassa sig därefter. Den speglar sig själv från insidan och ut, inget mer och inget mindre. *Varje person du uppfattar är inget annat än ditt uttryckta jag.*

Slutligen, följande tips och tricks baserade på Abdullahs rekommendationer kommer att säkerställa framgång för din manifestation:

- De till synes omständigheterna är irrelevanta och spelar ingen roll! De är bara ett tillfälligt skenbart tillstånd, som kan modelleras av ditt inre tillstånd när som helst! Genom dina antaganden! Genom din tolkning! Genom dina tankar och känslor gentemot omständigheterna!

- Det enda relevanta skälet till dina omständigheter är att göra dig medveten om vad du verkligen vill. Använd dina omständigheter för att bli medveten om dina önskningar och manifestera dem!

- Var sann mot din idé, din önskan. Var ståndaktig mot din manifestation! Ha inga tvivel! Kompromissa aldrig!

- Varje tvivel, stort eller litet, skapar nya tankar och känslor och därmed nya verkligheter! Dessa visar sig som frestelser att nöja sig med mindre. Låt dig inte frestas!

- När tankar eller känslor av tvivel uppstår, slå igen dörren i deras ansikten! Slå igen dörren för dina tvivlare! Du är vid slutet av din önskans uppfyllelse. Din önskan har redan uppfyllts! Gå inte in i rummet för tvivel! Slå igen dörren och stanna i rummet för din önskans uppfyllelse!

Kapitel 5.2 - Guiden till att manifestera välstånd

"Räkna 10 000 dollar"-metoden

1. Föreställning: Skaffa en 100-dollarsedel (eller kronor/euro, vilken valuta du föredrar) och memorera den mycket noggrant med alla dina sinnen. Ta sedeln i din hand. Känn den. Känn skillnaden mot vanligt papper. Lukta på dess unika, individuella doft och lyssna på hur den låter när den rynkas och slätas ut. Ta sedan en närmare titt på 100-dollarsedeln. Memorera varje detalj: färgen, det blåa bandet, porträttet av Franklin, numren på framsidan. Gör sedan samma sak med baksidan. Memorera det guldiga 100, byggnaden och fraserna.

Nu när du har memorerat 100-dollarsedeln i detalj, starta den imaginära akten. Ligg ner i sängen, i en ovanlig position. Följande andningsövning hjälper dig att centrera dig själv: Andas djupt genom näsan i tre sekunder, håll andan i en sekund, andas sedan ut genom munnen i tre sekunder. Upprepa detta tre gånger så kommer du att slappna av och komma till nuet.

Stäng dina ögon och börja räkna till 10 000 dollar i din fantasi. Räkna 10 högar med 1 000 dollar i varje - 10 x 100-dollar sedlar. Räkna pengarna som du skulle räkna 10 000 dollar i verkliga livet. Under den imaginära akten, se till att du ser ut som du skulle se med öppna ögon. Se inte dig själv från baksidan eller från ett tredje perspektiv. Gör den imaginära handlingen att räkna pengar så realistiskt som möjligt! Lyssna på 100-dollarsedlarna medan du räknar dem. Känn papperet på 100-dollarsedlarna. Se alla detaljer på 100-dollarsedlarna medan du räknar.

2. **Känslan:** Känn hur lycklig du är när du räknar. Räkna $10,000 om och om igen tills känslan av verklighet sätter sig. Fortsätt räkna tills du är fullt medveten om att du räknar *dina* $10,000! Känslan av *ägande* är viktig. Annars kan du manifestera att räkna $10,000, men pengarna är inte dina. Detta har också manifesterats av misstag.

3. **Tacksamhet:** Nu när du accepterar och känner att du räknar *dina* $10,000, känner du naturligtvis tacksamhet för det. Du är tacksam för dessa pengar. Känslan av tacksamhet för att du nu har $10,000 är nödvändig för att medvetet tillämpa lagen om antagandet och antyda känslan av önskeuppfyllelse.

4. **Sömn:** I tacksamhetens tillstånd somnar du. Du kan också somna medan du räknar dina $10,000. Du tar med dig denna imaginära handling eller känslan av tacksamhet in i din sömn under 3-7 dagar i följd.

5. **Det yttre:** Bli inte förvånad om du inte vaknar med $10,000 i kontanter under kudden. Det är inte omöjligt - allt är möjligt! - men för de flesta har Guds ofattbara sätt visat sig genom något som oväntade gåvor av pengar, en plötslig affärsidé eller ett stort kontrakt. Det förblir en gåta från Gud om hur livet kommer att presentera dig $10,000. Men en sak är säker, pengarna kommer att hitta sin väg till dig.

Oavsett vad dina nuvarande omständigheter är, fortsätter du att känna tacksamhet för att du nu äntligen äger $10,000 och använder därför lagen om antagandet så att pengarna speglas i ditt liv på ett eller annat sätt. Denna teknik kan också användas med $100,000, med guld eller diamanter och många fler.

David beskrev sin erfarenhet av denna teknik på följande sätt: "Hur jag skapade 10 000 dollar i kontanter: Det första jag gjorde var att ta en 100-dollarssedel och studerade den ingående. Det första jag gjorde var att visualisera. Jag använde mitt sinne och fokuserade på 100-dollarssedeln. Jag tittade på den, jag vände den fram och tillbaka och jag luktade på sedeln i min fantasi, med stängda ögon. Jag kände den, utan att ha en fysisk hundralapp. Sedan räknade jag tio högar av tusen dollar. Jag räknade tio högar av tusen dollar som motsvarar 10 000 dollar. Och jag gjorde detta i tre nätter.

Den fjärde dagen gick jag till en bank, det var Bank of America. En man framför mig vände sig om. Jag väntade i kön för att se kassören och mannen vände sig om och sa: '*Jag räknar de här pengarna och jag känner att jag inte räknar rätt. Kan du hjälpa mig att räkna dem?*'

Jag tänkte, '*Det här är konstigt, den här killen känner inte ens mig. Han vill att jag ska hjälpa honom att räkna hans pengar.*' Men jag sa: '*Okej, det kan jag göra.*' Jag gick över till sidan, till ett litet bord nära. Han lade pengarna på bordet och det var tio tusen dollar i kontanter! Och medan jag räknade, tänkte jag plötsligt: '*Herregud, det här är exakt vad jag gjorde i min imaginära handling!*' Jag hade skapat 10 000 dollar åt mig själv, men det var inte mina pengar, jag räknade i princip någon annans, som hade kommit till mig. Så jag gick tillbaka till min imaginära handling och började arbeta på det så att jag skulle räkna *mina egna* pengar.

Mannen i banken ville att jag skulle räkna hans pengar även om jag inte kände honom. Men jag gjorde det och det visade sig vara precis nittioåtta 100-dollarssedlar. Jag räknade $9800 dollar i kontanter till en kille jag inte ens kände! Min fantasi skapade den scenen."

När jag klev in i det undermedvetna sinnet, tog jag inte med känslan av ägandet av pengarna. Så jag gick tillbaka till det imaginära tillståndet och arbetade på den känslan att det var mina pengar. *Jag räknar pengarna. Detta är mina pengar. Jag tar den känslan inom mig.* Jag tror att jag gjorde det i ungefär sex eller sju nätter. Jag gjorde det om och om igen. Jag gjorde det igen, och ingenting hände. Jag tror det var den åttonde eller nionde dagen, ungefär två dagar efter att jag hade slutat göra det. Och jag fick ett telefonsamtal från en kille som byggde båtar.

Han sa att han hade ett jobb han ville att jag skulle titta på. Jag gick dit. Jag gjorde ett erbjudande. Han gjorde ett motförslag och det hände att det var exakt tiotusen dollar. När jag var klar med jobbet betalade killen mig i kontanter och sedlar, och jag räknade dem precis framför honom. Tio högar, tio tusen dollar i kontanter. Det manifesterade sig och det var mina pengar den här gången. Det var en sådan fantastisk känsla; jag vill att alla ska prova det. [...]"[63]

---

[63] tinyurl.com/ManifestMoney10K

Kapitel 5.3 - Guiden till att manifestera kärlek

Vigselring-metoden

1. Föreställning: Innan vi börjar, låt oss vara tydliga med en sak: I den här tekniken kommer vi att manifestera kärlek, inte en specifik person. Du kan dock också använda den för att manifestera någon speciell person i ditt liv. Det beror helt på din önskan och, viktigast av allt, på dina känslor under manifestationen.

Med den här tekniken kommer du att manifestera din *perfekta matchning* från ditt nuvarande medvetandetillstånd. Lyckan och kärleken du kommer att uppleva kommer att överträffa känslan av den inbillade handlingen.

Ligg ner i sängen i en avslappnad sovställning. Du kan och bör koppla av. I kärlek låter vi oss själva falla. Nu centrerar du dig själv med följande andningsövning:

Andas djupt in genom näsan i tre sekunder, håll andan i en sekund och andas sedan ut genom munnen i tre sekunder. Upprepa detta tre gånger i rad.

Stäng ögonen och börja visualisera din imaginära vänstra hand i ditt sinne. Och medan du tittar på din imaginära vänstra hand, märker du att du bär en vigselring. Du känner vigselringen på ditt vänstra ringfinger. Du känner det med din imaginära högerhand och vrider det. Du känner metallen och vridningen på din imaginära vänster ringfinger.

(För att manifestera en specifik person med den här metoden har du två alternativ: 1) Du känner att du är gift med den specifika personen medan du tittar på ringen, eller 2) Du håller personens hand och ser båda era händer med en ring på vardera ringfinger, samtidigt som du stannar kvar i känslan av att vara gifta med varandra.)

2. Känsla: Under den imaginära handlingen känner du dig oändligt lycklig och förälskad. Det är uppenbart att du nu är gift med denna underbara person. Du tittar på ringen och känner kärleken till denna person. Stanna kvar i den imaginära handlingen och känslan av kärlek tills känslan av verklighet sätter sig. Upprepa det tills du verkligen känner att du nu verkligen är gift med denna person!

3. Tacksamhet: Känslan av att vara gift med denna person skapar tacksamhet. Efter så många misslyckanden i kärlek har livet äntligen gett dig rätt person! Känslan av tacksamhet för denna person och er kärlek till varandra är viktigt för att medvetet använda lagen om antagandet och antyda känslan av önskemål.

4. Sömn: I ett tillstånd av tacksamhet, som klart antyder att du nu är gift med denna underbara person, kommer du att somna. Ta den imaginära handlingen och känslan av tacksamhet in i sömnen i 3-7 dagar i rad.

5. Det yttre: Din perfekta matchning kan manifestera sig genom saker som en oväntad träff eller en inbjudan till en händelse där du möter din blivande partner. Även om exakt hur, kommer att förbli en gåta, är en sak säker: era vägar kommer att korsas.

Oavsett dina nuvarande omständigheter, förblir du i tacksamhet för att du nu är gift med kvinnan eller mannen i dina drömmar, och tillämpar därigenom lagen om antagandet.

Du kan också använda denna teknik med vilken annan symbol som innebär äktenskap för dig. Denna symbol, oavsett vad den är för dig, fungerar för att utföra den imaginära handlingen och skapa känslan av önskemålsuppfyllelse.

Om du bara vill tillfredsställa din lust kan du läsa följande historia om Davids morfar Elmer: "Idag ska jag ta itu med den frågan jag har fått kanske tio eller femton miljoner gånger om hur min morfar manifesterade relationer i sitt liv och hur han hade sex tre eller fyra gånger om dagen, som minimum. Ja, det gjorde han! [...] Faktum är att han skilde sig från min mormor på grund av dessa manifestationer, eftersom han ville ha flera förhållanden med olika kvinnor.

Historien var att han kom hem en natt och till min mormor. Han drev en kedja av VIP-nattklubbar i Los Angeles. När han kom hem till min mormor och sökte efter tillgivenhet ville hon inte ge efter, så han sa: 'Okej.' Och det var slutet på det. Han återvände till klubben och det var då han började sin härjning eller vad du vill kalla det, där han låg med flera kvinnor hela tiden. De skilde sig och han gav henne miljontals dollar samt egendomar. Samtidigt träffade han Carmen, som slutligen blev hans fru och en av hans topp dansare på hans klubb och fyrtio år yngre än honom. Han gifte sig senare igen.

Processen med hur han skulle skapa specifika relationer med en kvinna var att hitta tjejen som han ville ligga med och han skulle ha en konversation med henne och prata med henne och studera hennes utseende. Han skulle studera henne som jag skulle studera en 100-dollarssedel. I stort sett studerar du alla detaljer, håret och frisyren, ögonfärgen, hudtonen, allt; kroppen och hur lång hon är, hur hennes röst låter. Helst skulle han få henne att prata, så han kunde höra hennes röst tydligt.

När du går in i din imaginära handling kan du återskapa det. Min morfar hade en specifik teknik som han använde; han skulle vara i sängen med den här tjejen i sin fantasi. Han skulle skapa en scen med den här tjejen i sin fantasi, hon skulle säga till honom: "Det var det mest fantastiska sex jag någonsin haft". Och där han skulle säga: "Du är den bästa jag någonsin haft", skulle det generellt sett vara en fras som antydde att han var den bästa älskaren de någonsin haft. Han blev så exalterad när han berättade det för mig. Han var full av passion, och han var en passionerad man. Men så skapade han flera relationer med olika kvinnor samtidigt. Han kunde manifestera att ha sex med tre till fyra kvinnor om dagen, med kvinnor som var 40 år yngre än han. Vilken tjej han än ville ha. Jag måste erkänna att han också var en rik man och en riktigt god vän med Carroll Shelby. Carroll Shelby var en VIP-medlem på hans klubb, och han brukade faktiskt testköra varenda en av Carroll Shelbys nya prototyper innan de kom ut på marknaden. Min morfar skulle få den under helgen innan och han skulle kunna testköra den tillsammans med min morbror. Han brukade berätta historier om det också. Han manifesterade alla möjliga saker; att få ligga, pengar, och han gjorde ganska många andra saker i sitt liv som inte var så respektabla heller. Han drack mycket och använde vissa droger. Han började använda droger och sådant, vilket jag inte stödjer själv. Jag dricker inte och jag tar inga droger. Jag tror att det här kan hindra dig och påverka dina manifestationer - och till slut förstöra ditt liv. [...]

Jag behöver inte dricka alkohol. Jag behöver inte använda droger för att vara lycklig. Jag är lycklig för att jag är tacksam. Och när du är tacksam är du fylld av överflöd i ditt liv. Jag är lycklig för att jag är tacksam och kan förstå vad medvetenhet är; att se den här världen och livet självt som en semester; att inse att vi har skapat den här världen själva och raderat minnet av det. Vi har skapat den här världen för att lindra ensamheten och för att vara lyckliga. Och jag är väldigt lycklig. Och det är vad livet handlar om. Jag behöver ingenting utanför mig själv för att vara lycklig. Jag är lycklig inombords. Och det var min morfars strategi eller teknik för att få vilken tjej han än ville ha. [...][64]

---

[64] tinyurl.com/ManifestRelationships

Kapitel 5.4 - Guiden till att manifestera hälsa

"Den förbluffade läkaren"-metoden

1. Föreställning: Denna manifestationsteknik fungerar bäst för personer som regelbundet besöker en läkare eller någon inom läkaryrket på grund av hälsoproblem.

Om din situation inte motsvarar detta exempel kan du byta ut läkaren mot en god vän som *bekräftar* din hälsa eller tänka på en lämplig scen som antyder att du är helt frisk igen. Två exempel: Om du har problem med ditt knä, tänk dig själv springa igen. Om du har problem med ditt hjärta, tänk dig hur du kan idrotta igen och känna ditt hjärta pumpa starkt och hälsosamt.

Den imaginära handlingen för denna teknik skulle vara: Strax innan du somnar ligger du i sängen i en avslappnad position. Du kan och bör slappna av med denna teknik, för när det gäller hälsa känner vi lättnad. Centrera dig själv med denna andningsövning:

Andas in djupt genom näsan i tre sekunder, håll andan i en sekund, andas ut genom munnen i tre sekunder. Gör detta tre gånger i rad, så att du kopplar av och kommer till nuet.

Nu stänger du dina ögon. I din fantasi ser du din läkare komma in i undersökningsrummet där du sitter och väntar. Läkaren kontrollerar dina testresultat och säger något i stil med: "Det är otroligt! Det är nästan ett mirakel! Dina värden är alla tillbaka i det normala området! Hur lyckades du göra det? Du är helt frisk igen!" Lyssna noga på din läkares röst. Titta på det förvånade ansiktet. Känn ytan på stolen du sitter på. Lukta på desinfektionsmedlet. Gör scenen så verklig som möjligt.

2. Känslan: Under den imaginära handlingen känner du dig oändligt lättad. Det är uppenbart att du äntligen är frisk igen! Du hör det från din läkare och du kan se det i dennes ansiktsuttryck. Du upplever förvåning men också glädje för din skull. Stanna kvar i den imaginära handlingen och känslan av att vara oändligt lycklig och lättad över din återhämtning tills känslan av verklighet infinner sig. Upprepa den imaginära handlingen tills du känner att du är frisk igen!

3. Tacksamhet: Nu när du känner att du har återhämtat dig, känner du naturligtvis tacksamhet för det! Den oändliga tacksamheten för att vara frisk igen! Oändlig tacksamhet för att denna börda äntligen har lyfts från dig! Denna känsla av tacksamhet är mycket viktig för att medvetet tillämpa lagen om antagandet och antyda önskeuppfyllelsen!

4. Sömn: I denna tacksamhet, som tydligt antyder att du nu är helt frisk igen, somnar du. Ta med den imaginära handlingen och känslan av tacksamhet i sömnen i 3-7 dagar i rad!

5. Det yttre: Återhämtning kan komma i form av nya ätvanor, nya terapimöjligheter eller rekommendationer från en specialist. Även spontanläkningar har visat sig med denna teknik. Om du fortsätter att anta att du har återhämtat dig helt och hållet kommer de rätta händelserna att komma till dig vid rätt tidpunkt så att du blir helt frisk igen.

Observera: Det behöver inte nödvändigtvis vara en läkare som intygar din hälsa. Det viktiga är känslan som antyds i den imaginära handlingen. Känslan orsakar manifestationer på utsidan. Du kan också föreställa dig en mycket god vän vars reaktioner, röst, ansiktsuttryck etc. du känner mycket väl. Tänk dig att han säger till dig: *Min Gud, du har aldrig sett bättre ut!* Och du svarar: *Jag har aldrig känt mig bättre heller!* Det viktigaste är att du KÄNNER att du är helt frisk igen.

Tekniken fungerar också för att förändra din kropp. Här är vad David gjorde: "Jag vill dela med mig av en annan övning eller ett vittnesmål om att dessa imaginära handlingar inte bara kan skapa hälsa, utan också förbättra din kropp. Jag använde denna övning för att förvandla min.

Innan jag började med detta hade jag alltid en genomsnittlig kroppstyp. Ibland blev jag till och med överviktig, eller så pendlade jag, men jag hade aldrig den kropp jag verkligen ville ha. Och jag tittar på alla dessa reality-shower, jag har sett alla dessa killar, och jag tänker: 'Tusan, dessa killar har verkligen fantastiska kroppar.'

Jag ville alltid ha en kropp som den där, men det hade jag aldrig. Så jag ville skapa en scen där jag faktiskt kunde föreställa mig detta för mig själv eftersom jag ville vara begärd av kvinnor som detta; bara den här känslan av självförtroende, du vet, när du är med din fru eller flickvän och du tar av dig tröjan. Eller för tjejer, när du är med din man, pojkvän, fästman eller vad som helst. Du känner dig bra med det. Det är en riktigt bra sak. Jag ville komma in i den här känslan, så jag skapade en scen i mitt sinne där jag går nerför stranden. Jag bär shorts och har en surfbräda i handen. Jag kan känna det, och jag tittar på vågorna som kraschar bredvid mig. Jag kan känna doften av saltet i luften. Jag kan höra vågorna som kraschar. Det är en fullpackad strand. Det finns massor av människor på stranden.

Jag föreställer mig några tjejer på sidan. Det finns tio, tjugo tjejer, och de tittar alla på mig med händerna över munnen och ögonen öppna, de skannar min kropp som om jag vore en köttbit. Jag njuter av den här känslan av att vara självsäker och se bra ut medan tjejerna kollar in mig. Jag mår bra av det här. Jag skapar en 32 sekunders scen och jag spelar upp den om och om igen i mitt sinne. Jag gjorde detta i cirka en månad."

Och som jag sa tidigare, vid den tiden hade jag en genomsnittlig kropp. Jag var lite överviktig. Efter ungefär en månad av att spela upp scenen - även under dagen - skulle jag få tidningar som Men's Health eller Men's Fitness, och jag tittade på killarna på bilderna och föreställde mig själv och hur det skulle kännas om jag såg ut så. Jag skulle inkludera deras definition i mina mentala scener med min egen kropp. Jag föreställde mig också att jag tittade mig i spegeln och såg den kropp jag ville se. Jag övade på det under dagen.

Under den tiden köpte jag ett hus. Och i det huset lämnade säljaren ett gym åt mig. Jag hade inte ett gym-medlemskap eller något sådant. Jag lät det bara spela ut och se vad som skulle hända, eftersom jag arbetade hela tiden. Jag var *mycket* upptagen och hade inte tid att träna. Men det här in-house gymmet lämnades till mig, så jag började använda det. Och jag började träna hårt. Det var nästan som om känslan som utlöste den imaginära scenen blev en vanemässig programvara i mitt huvud som *fick mig att träna varje dag.* Jag menar, om jag inte tränade i en timme om dagen, kände jag mig miserabel. Det var som terapi.

Den här känslan konsumerade mig till den punkt *där jag var tvungen att hitta tid!* Om jag var tvungen att vakna en timme tidigare skulle jag vakna en timme tidigare. Och om jag var tvungen att vara uppe en extra timme, skulle jag vara uppe en extra timme. Vad det än var gjorde jag det och jag förvandlade min kropp inom sex till tolv månader. Detta var för några år sedan, men jag har bibehållit det. Det här programmet har fastnat med mig än idag.

Jag tränar fortfarande minst sex dagar i veckan. Och eftersom jag måste ta en dag ledigt då och då, tar jag åtminstone en dag ledigt varje vecka så min kropp kan återhämta sig. Jag har börjat ta kosttillskott och läser fitness-tidningar. Jag bara föreställde mig alla dessa bra saker som skulle hända, och de har hänt. Scenen själv - när jag går ner längs stranden - hände aldrig så. Den utlöste bara en känsla i mig som blev ett program i mitt huvud som jag verkligen dök in i och som fick mig att förvandla min kropp. Jag är mycket nöjd med det. Jag tittar i spegeln och går tillbaka till när jag hade en genomsnittlig kroppstyp. Och nu tittar jag tillbaka och skrattar åt det.

Men det var en fantastisk upplevelse, och det här är ett fantastiskt experiment.

Att titta på dessa reality-shower och titta på killarna - det förvandlade mina tankar. Det fick mig att verkligen pressa mig själv till nästa nivå och skapa en annan fysik. Jag mår bättre. Jag ser bättre ut. Jag är mer självsäker i allt jag gör. [...]"[65]

---

[65] tinyurl.com/ManifestDreamBody

Kapitel 6 - Använd ditt undermedvetna sinne för att medvetet manifestera

Det undermedvetna sinnet står för cirka 95% av det vi upplever i våra liv. Vi andas omedvetet, våra naglar och hår växer, yttre sår läker, och vi tänker, känner och agerar reaktivt.

Detta väcker frågan: Om allt körs automatiskt i vårt undermedvetna, är våra procedurer förbestämda? Vad händer om vi inte vill känna oss arga över vår före detta partner eller våra barn när de har gjort något fel? Hur kan vi ändra detta helt automatiska program - och helst över natten?

Neville Goddard arbetade främst med det undermedvetna sinnet för att orsaka och styra medveten manifestation. Ett antagande, inställt i det undermedvetna, är den enda möjligheten att orsaka en manifestation. Därefter körs det automatiskt och kommer att återspeglas på ett eller annat sätt även om du *motstår* dess skapande (som i stegklättringsmanifesteringen). Det enda sättet att stoppa manifestationsprocessen är när ett *motsatt, starkare antagande* upplevs som sann och därigenom kommuniceras till det undermedvetna.

Precis som Neville fokuserade Joseph Murphy på det undermedvetna och sammanfattade sina resultat i den bästsäljande boken *The Power of Your Subconscious Mind*[66].

---

[66] amzn.to/3mgYz4z

Murphy använde främst positiva affirmationer och böner för att mata det undermedvetna sinnet och orsaka manifestation genom att ansluta till havet av alla möjligheter.

Neville Goddard blev tillfrågad om affirmationer var till hjälp. Hans svar var tydligt: Du kan ha hur många affirmationer som helst. Om du inte känner dem som sanna och givna, kommer de inte ha någon effekt. Det enda medium som når det undermedvetna sinnet är känslorna. Din känsla, din sensation, din säkerhet orsakar din manifestation. Din tro, känslan av säkerhet, är ditt öde!

De människor som följde Murphys läror lyckades endast om de kände de föreslagna affirmationerna och bönen från det djupaste hjärtat. Murphy försökte klargöra detta om och om igen. Daglig upprepning av affirmationer är bara värt det om de känns verkliga. Det bästa sättet att göra det är att vara tacksam för att redan ha nått den här nivån!

Känslan är allt; namnet är ljud och rök, som förskymmer himlens glöd!

—

Johann Wolfgang von Goethe [67]

Om du förnekar en affirmation, kommer ditt undermedvetna att göra detsamma. Då, som svar från ditt

---

[67] Goethes Faust del ett - vers 3453
tinyurl.com/GoetheFaustWiki

undermedvetna på *Jag är rik*, känner du omedelbart att du ljuger för dig själv. För att undvika detta kan du använda följande tekniker: Skriv om affirmationen tills du kan acceptera den som sanning lättare. Till exempel kan du istället för *Jag är rik* säga *Jag är framgångsrik i alla mina aktiviteter.* Genom att vara framgångsrik i allt du gör kommer du att attrahera välstånd och rikedom ändå. Ett annat sätt att mjuka upp affirmationen är att använda ord istället för fullständiga meningar. Tänk till exempel på ordet *välstånd* när du andas in och tänk på *framgång* när du andas ut.

Ytterligare tre tips för att acceptera dina affirmationer är:

- Säg affirmationerna högt (helst framför en spegel).

- Säg dem till dig själv i ditt sinne.

- Spela in dem och lyssna på dem när du ska sova.

När du lyssnar på Davids meditationer och affirmationer[68,69], känn dessa tillstånd som sanna och givna. Säg affirmationerna i ditt sinne. Detta ökar effekten enormt.

Ditt medvetandetillstånd skapas genom sammankopplingen av det medvetna och det undermedvetna sinnet. De är de två polerna i medvetandet – det synliga/uppfattbara och det osynliga. Det

---

[68] tinyurl.com/SleepMeditationsAffirmations
[69] linktr.ee/elmerolockerjr

undermedvetna representerar ditt "högre jag". Alla de egenskaper som tillskrivs det högre jaget, som oändlig intelligens, inre kompass eller villkorslös kärlek, är egenskaperna hos ditt undermedvetna sinne.

Du pratar ständigt med ditt undermedvetna och präglar det. Det vill säga, om du känner avund, ilska, rädsla eller bitterhet, tar ditt undermedvetna dessa känslor som sanna och givna och skapar därigenom situationer för dig i den yttre världen som speglar dessa känslor. Därför bör du vara uppmärksam på dina tankar och känslor!

När du märker att du känner avund, ilska, rädsla eller bitterhet genom dina tankar, förskjut omedelbart dessa tankar och känslor mot kärlek, glädje och självförtroende! På det sättet kan du neutralisera effekten av de tidigare tankarna och känslorna och omskriva dem till något positivt.

Du kommer att få läsa något av Nevilles arbete om detta i kapitlet Mentala dieter.

Kapitel 6.1 - Positiva affirmationer för ditt un-dermedvetna sinne

Nedan hittar du en lista med positiva affirmationer som du kan använda för dig själv eller som inspiration.

- *Jag känner tacksamhet för allt och alla i mitt liv!*
- *Jag är helt tillfreds med detta ögonblick och tacksam för allt!*
- *Jag är en pengamagnet och välsignad med bra saker hela tiden!*
- *Jag är en frisk, lycklig och kärleksfull multimiljonär!*
- *Universum välsignar mitt liv exponentiellt!*
- *Mitt liv är underbart och jag älskar det!*
- *Mitt liv är välsignat med omedelbar, evig försörjning och varje behov möts alltid omedelbart!*
- *Jag gör det bättre och bättre varje dag på alla sätt!*
- *Jag är motståndskraftig och jag återvänder alltid till min styrka!*
- *Jag är Guds kraft!*
- *Jag är stolt över mig själv!*
- *Jag älskar mig själv!*
- *Mitt undermedvetnas oändliga intelligens stödjer mig hela tiden!*
- *Jag vet att allt är möjligt i livet!*
- *Jag är fantastisk, självsäker och inflytelserik!*
- *Jag har full kontroll över all information och energier inom mig!*
- *Jag är kärlek och jag är älskad!*

- *Den här världen är mitt jag uttryckt!*
- *Jag är tålmodig och fridfull!*
- *Jag kan förändra världen genom att förändra mig själv!*
- *Allting löser sig alltid till min fördel!*
- *Gudomlig kärlek omger och välsignar mig!*
- *Jag är en själs-magnet för lycka och välsignelser!*
- *Alla mina företag är oerhört framgångsrika!*
- *Jag har så många fantastiska egenskaper som jag är stolt över!*
- *Jag har en attityd av tacksamhet!*
- *Jag berikar världen så mycket med alla mina unika gåvor!*
- *Jag har gåvan och kraften att omforma mina omständigheter inom mig!*
- *Jag är konsekvent i mina positiva antaganden!*
- *Tack Gud för att du visar mig att alla mina problem redan är lösta!*
- *Jag har en stabil, pålitlig inkomst byggd med integritet och ömsesidig nytta!*
- *Jag är en gåva från Gud och en välsignelse för varje person och hela världen!*
- *Jag tar emot gåvor varje dag!*
- *Jag är ren perfektion!*
- *Jag är en mästare på att manifestera!*
- *Jag är alltid i nuet!*
- *Varje person vill alltid bara det bästa för mig!*
- *Jag är ett med allt som är!*
- *Jag är vägen, sanningen och livet!*
- *Jag är Kristus!*
- *Jag är Gud!*
- *Jag är!*

För att uppnå ett sömnliknande tillstånd oavsett tid på dygnet och därmed öppna dig själv för affirmationer kan du använda följande tips från Joseph Murphy: Bli bekväm och säg följande ord:

Mina fötter är avslappnade, mina vrister är avslappnade, mina ben är avslappnade, mina bukmuskler är avslappnade, mitt hjärta och mina lungor är avslappnade, mitt huvud är avslappnat, hela mitt väsen är helt avslappnat.

Känn avslappningen. Efter cirka fem minuter bör du vara avslappnad och i ett sömnliknande tillstånd. Bekräfta sedan följande sanning till dig själv:

Guds fullkomlighet uttrycks nu genom mig. Tanken om fullständig hälsa fyller mitt undermedvetna sinne. Bilden som Gud har av mig är perfekt, och mitt undermedvetna sinne skapar min kropp i perfekt överensstämmelse med den perfekta bilden som finns i Guds medvetande.

Detta fungerar naturligtvis också med kärlek, rikedom eller vad du än önskar.

Kapitel 6.2 - Nevilles bok - Känslorna är hemligheten

Neville Goddard publicerade boken *Känslorna är hemligheten*[70] år 1944. Boken förklarar interaktionen mellan det medvetna och det undermedvetna sinnet i sin helhet.

Neville beskriver det *medvetna* som personligt och selektivt - *effektens* ström. Det *undermedvetna* är opersonligt och icke-selektivt - *orsakens* ström.

Det medvetna är ansvarig för idéer och överför dem genom känslor till det undermedvetna, som ger dem form och uttryck. Således följs en idé i det medvetna sinnet av en formativ känsla som fungerar som en bro till det undermedvetna sinnet. Där kan idén utvecklas och uttryckas.

"Det undermedvetna sinnet genererar inte sina egna idéer. Det accepterar endast som sanna de idéer som det medvetna finner vara sanna."

—

Neville Goddard

Det undermedvetna sinnet är helt fritt, oberoende av logik och begränsningar av förnuft eller liknande. En känsla är lika med ett faktum som redan existerar, och baserat på antagandet måste denna känsla uttryckas. Inget mentalt antagande överförs till det

---

[70] amzn.to/3IDwgVS

undermedvetna förrän det känns vara sant. *Men så snart detta antagande känns, måste det uttryckas!* Därför bör du bara tillåta och vårda de känslor som är bra för dig själv. Eftersom dessa känslor varken är sanna eller falska, har det undermedvetna sinnet inga begränsningar och kan föra fram allt tänkbart.

Det viktiga är att *tänka från slutet*, inte på HUR man ska komma dit. "Du är redan den person du vill vara och din vägran att tro på detta är det enda skälet till varför du inte kan se det i den yttre världen [...] Du återspeglar aldrig det du *vill ha* från ditt djupaste innersta. Du återspeglar alltid vad du *är*. Och du är vad du tror är sant om dig själv och om andra," säger Neville.

Det medvetna och det undermedvetna samarbetar bäst när det kommer till sömn. Då är det medvetna inte distraherad av sinnena och når det undermedvetna lättare - eftersom omedvetenhet i sömnen är det permanenta status quo i det undermedvetna. Friheten att fatta beslut utelämnas och vad som återstår är känslorna och bilden av sig själv från det vakna tillståndet.

Bön som en imitation av ett sömnliknande tillstånd kan också användas. Här minskas intrycken från den yttre världen, vilket gör oss mer mottagliga för idéer. Men igen måste du gå in i antagandet att det önskade redan har hänt. När känsla och önskan konkurrerar vinner alltid känslan. Ett antagande som inte känns kan inte tvingas fram. En lösning på detta är ett passivt medvetandetillstånd - nämligen som det strax före sömnen.

Kapitel 7 - En av de mest fantastiska manifestationsteknikerna någonsin: Visst är det underbart?!

Med manifestationsmetoden *Visst är det underbart?!* hoppar vi över antagningsdelen och går direkt in i känslan av önskeuppfyllelse genom att använda ett specifikt mantra. Detta skapar känslan av en mycket positiv antagning strax innan man somnar - känslan att allt är underbart. Mantrat är:

Visst är det underbart?! Något fantastiskt händer mig just nu!

Denna affirmation är bara ett exempel. Du behöver inte acceptera det ordagrant, och du kan välja vad du vill. Det viktigaste är att du känner det i detta ögonblick: Allt är bara perfekt, allt är underbart. Du kan lika gärna säga *"Visst är det fantastiskt vad som händer mig just nu?"* eller vad som helst som skapar känslan att du helt enkelt överväldigas av alla de bra saker som händer just nu.

Med denna känsla i din kropp somnar du. Du tar med dig känslan av WOW, DETTA ÄR UNDERBART! in i sömnen.

Fördelen med denna teknik är att den inte kräver en imaginär handling. Det är perfekt om du har svårt att föreställa dig en scen. Nackdelen är dock att du inte kan göra din manifestation lika målinriktad som med den imaginära handlingen. Men vad som händer under denna teknik är följande: Du skapar en känsla av

Detta är underbart vad som händer mig just nu, och planterar denna känsla som ett frö för din manifestation. Det kommer i sin tur att återspegla denna känsla på utsidan. Ibland vet vi inte exakt vad som gör vårt hjärta lysa - det finns små och stora saker som vi inte har en aning om hur underbara de är för oss. Genom att använda denna teknik kan vi manifestera dem i vårt liv. *Visst är det underbart?!*

Visst är det underbart + imaginär handling: Ett exempel på att kombinera de två teknikerna är en scen där vänner eller bekanta gratulerar dig och ditt hjärta hoppar av glädje över det - men du har ingen aning om vad det handlar om. Du känner bara att du förtjänar det. Du är stolt över dig själv. Ta med denna känsla med dig in i sömnen. Så du vet inte exakt vad som får ditt hjärta att lysa, men det kan också vara en fördel. Dessutom kan kombinationen av båda teknikerna påskynda processen tills manifestationer visar sig externt. Om inte, beror det vanligtvis på att känslan av tacksamhet inte har tagits med i sömnen eller att den imaginära handlingen inte har känts som sann och given. Men önskan är djupt rotad i vårt hjärta. När denna önskan blir synlig och konkret på utsidan utlöser det också en underbar känsla. Känslan av: *WOW, WOW, WOW! Herregud, det här är underbart vad som händer mig just nu!*

En annan fördel med *Visst är det underbart* är det faktum att du kan manifestera flera saker samtidigt eftersom känslan av *Herregud, det här är underbart* inte är bunden till något särskilt. Den uttrycks i manifestationer som får dig att känna just det.

Kapitel 7.1 - Det underbara vittnesmålet från T.K.

Detta vittnesmål är skrivet i Nevilles bok *The law and the Promise*[71]. En kvinna behövde så många saker på en gång att hon inte visste var hon skulle börja. Detta är vad som hände:

"De flesta av oss läser och älskar sagor, men vi vet alla att historier om otrolig rikedom och tur är till glädje för de allra yngsta. Eller är de det? Jag [T.K.] vill berätta för dig om något otroligt underbart som hände mig genom kraften i min fantasi - och jag är inte 'ung' i åren.

Vi lever i en tid när människor inte tror på sagor eller magi, och ändå fick jag allt jag kunde tänkas önska mig i mina vildaste dagdrömmar genom den enkla användningen av det du lär - att 'fantasi skapar verklighet' och att 'känslorna' är fantasins hemlighet.

Vid den tidpunkt då denna underbara sak hände mig var jag arbetslös och hade ingen familj att luta mig mot för stöd. Jag behövde nästan allt. För att hitta ett anständigt jobb behövde jag en bil, och även om jag hade en bil var den så utsliten att den var redo att falla isär. Jag låg efter med hyran. Jag hade ingen lämplig klädsel för att söka ett jobb; idag är det ingen rolig sak för en kvinna på femtiofem att söka ett jobb av något slag. Mitt bankkonto var nästan tomt och det fanns ingen vän att vända sig till.

---

[71] amzn.to/3GtoNrw

Men jag hade varit på dina [Neville Goddards] före-
läsningar i nästan ett år, och min desperation tving-
ade mig att sätta min fantasi på prov. Jag hade verk-
ligen inget att förlora. Det var naturligt för mig, antar
jag, att börja föreställa mig att jag hade allt jag be-
hövde. Men jag behövde så många saker och på så
kort tid att jag fann mig själv utmattad när jag till slut
hade gått igenom listan, och vid den tiden var jag så
nervös att jag inte kunde sova. En föreläsningskväll
hörde jag dig berätta om en konstnär som fångade
'känslan', eller 'ordet', som du kallade det, av 'Visst är
det underbart!' i hans personliga upplevelse.

Jag började tillämpa denna idé på mitt eget fall. Istäl-
let för att tänka på och föreställa mig allt jag behövde,
försökte jag fånga 'känslan' av att något extraordinärt
hände mig - inte imorgon, inte nästa vecka, men just
nu. Jag skulle upprepa för mig själv innan jag som-
nade: 'Visst är det underbart! Något underbart hän-
der mig nu!' Och när jag somnade, skulle jag känna
mig som jag förväntade mig att känna under sådana
omständigheter.

Jag upprepade detta i två månader, kväll efter kväll,
och en dag i början av oktober träffade jag en bekant
jag inte hade sett på månader som informerade mig
om att han skulle åka på en resa till New York. Jag
hade bott i New York för många år sedan och vi pra-
tade om staden en kort stund och skildes sedan åt.
Jag glömde helt händelsen. En månad senare, på da-
gen, kom den här mannen till min lägenhet och gav
mig en check i mitt namn för 2500 dollar.

Efter att jag hade hämtat mig från chocken att se mitt namn på en check för så mycket pengar, verkade historien som utvecklades som en dröm. Det handlade om en vän jag inte hade sett eller hört från på mer än tjugofem år. Jag fick nu veta att denna vän från mina gamla dagar hade blivit extremt rik under dessa tjugo fem år. Vår gemensamma bekant som hade lämnat checken till mig hade träffat honom av en slump under resan till New York förra månaden. Under deras samtal talade de om mig, och av anledningar som jag inte skulle veta (för än idag har jag inte hört från honom och har aldrig försökt att kontakta honom), beslutade denna gamla vän att dela en del av sin stora förmögenhet med mig.

Under de närmaste två åren fick jag från hans advokats kontor månatliga checkar som var så generösa i beloppet att de inte bara täckte alla behov i vardagen utan också lämnade mycket över för alla härliga saker i livet: kläder, en bil, en rymlig lägenhet - och bäst av allt, ingen nödvändighet att förtjäna mitt dagliga bröd.

Den här senaste månaden fick jag ett brev och några juridiska papper att skriva under, vilket garanterar fortsatt månatlig inkomst för resten av mitt liv!"[72]

———

Visst är det underbart?! Något fantastiskt har hänt T.K.! Vad mer kan du önska dig än ekonomisk frihet

---

[72] Neville Goddard: The Law and the Promise
amzn.to/3GtoNrw

utan ansträngning, i en situation där alla problem kom från ekonomisk svårighet?

Exemplet visar tydligt vad som är möjligt när ett underbart medvetandetillstånd speglas på utsidan.

Känslan/tillståndet när du somnar på kvällen är *avgörande* för vad du kommer att uppleva de kommande dagarna, veckorna, månaderna eller till och med åren! Kom dock ihåg att detta gäller för både positiva och negativa riktningar. Så gå *aldrig* och lägg dig irriterad, arg eller i konflikt och somna med dessa känslor!

Kapitel 7.2 - Elmer O. Locker Jr om effekterna av känslor när man somnar

Elmer O. Locker Jr beskrev denna underbara teknik på följande sätt:

"[...] Sömn! Det är den viktigaste delen av dagen. Du går och lägger dig och känner dig framgångsrik och som att saker och ting fungerar på ett vackert sätt för dig! Du är verkligen lycklig över dig själv och din framtid! Du är glad över det! Medan du gör det, så somnar du, och sedan kommer det att hända för dig som om allt händer för dig just nu. Eftersom det är det du gör varje dag OCH det är det som händer dig varje dag; vad du känner när du går och lägger dig ikväll är vad som kommer att hända dig under de närmaste dagarna och de kommande åren. Din framtid är bestämd just nu - även vad du kommer att säga om 20 år till en man vid namn Oshmagosh. Allt är bestämt och det kommer att hända. UTOM om du ändrar det!

Du har privilegiet att ändra det eftersom du kan gå och lägga dig på kvällen och låtsas, eller låt oss säga räkna till hundra tusen dollar. Ta en hundralapp, studera den och lär dig att räkna till hundra tusen dollar i din fantasi. Börja göra det när du ska sova på natten. Och den första natten, när du är mitt i räknandet och du somnar, kan du bestämma dig för att du inte vill ha det, men det fungerar inte för du kommer att få det och det kommer inte att vara för ingenting. Det kommer att finnas en mycket bra anledning till varför du fick det! [...]" [73]

———

Därför rekommenderar jag att du testar och bevisar det för dig själv. Det enda du behöver göra är att bära med dig känslan av *WOW, WOW, WOW! Herregud, visst är det underbart vad som händer mig just nu?!* in i din sömn under några nätter.

Lycka - Det som finns inom finns även utom. Det önskar jag dig.

———

[73] tinyurl.com/SleepFeeling

Kapitel 8 - Det symboliska språket i de heliga skrifterna

Neville använde ofta citat från Bibeln för att skapa analogier i sina manifestation föreläsningar. Som tidigare nämnts studerade han alla typer av skrifter ingående efter sitt möte med sin andliga mentor Abdullah.

Det finns ett globalt antagande bland författarna till dessa skrifter att de är väsentliga för mänskligheten. Dessa författare var så kallade *uppvaknade mystiker och hermetiker* som kände till reglerna för våra existensplan och förklädda dessa läror, budskap och instruktioner som analogier, berättelser och symboler. Andra, som William Blake eller William Shakespeare, bar också denna kunskap inom sig och använde den i konst, litteratur och musik.

De flesta berättelserna i Bibeln representerar inte historiska händelser. Dessa berättelser är skrivna i symboliskt eller analogt språk och bör inte tas bokstavligt. Nedan hittar du några exempel och hur du kan tillämpa dessa på manifestation.

- *Jag går till Fadern, för Fadern är större än jag.*[74]
Mitt nuvarande medvetandetillstånd och den allomfattande medvetenheten hos Gud är ett. Men den allomfattande medvetenheten hos Gud är allt som existerar och därför mycket mer omfattande och betydelsefull än min del av det jag har inkorporerat för mig själv.

---

[74] Johannes 14:28 - biblehub.com/john/14-28.htm

- *Jag är den jag är!*[75]
  JAG ÄR i mitt nuvarande medvetandetillstånd. Jag ÄR en del av Guds medvetande som jag har inkorporerat och accepterat för mig själv!

- *Jag är vägen, sanningen och livet.*[76]
  Mitt konditionerade medvetandetillstånd är min ödesbestämda väg. Det är min inre sanning och livet som speglas av det i den yttre världen. Det som finns inom finns även utom! Ingen når sin destination förutom genom sitt medvetandetillstånd som håller destinationen.

- *Men jag säger: Möt inte ont med ont. Slår någon dig på ena kinden, så vänd också fram den andra mot honom*[77]
  Jesus lärde sina lärjungar att den inre världen speglas i den yttre världen. När vi svarar på våra yttre omständigheter bekräftar vi vårt inre själv. Om vi fortsätter att svara på utsidan, kommer vi att fortsätta bära den inom oss. Således hamnar vi i en så kallad ond cirkel och kan inte komma ut ur den – förrän vi förstår att vi endast kan förändra utsidan genom att förändra insidan – vårt medvetandetillstånd – genom ett nytt antagande som uppfattas som sann.

---

[75] 2 Moseboken 3:14 - biblehub.com/exodus/3-14.htm

[76] Johannes 14:6 - biblehub.com/john/14-6.htm

[77] Matteusevangeliet 5:39 - biblehub.com/matthew/5-39.htm

- *Jag säger er sanningen: Om någon säger till det här berget: Lyft dig och kasta dig i havet, och inte tvivlar i sitt hjärta utan tror att det han säger ska ske, då kommer det att ske för honom. Därför säger jag er: Allt vad ni ber om och begär, tro att ni har fått det, så ska det bli ert.*[78]

När du helt och hållet anländer i ditt önskade medvetandetillstånd utan tvivel i ditt hjärta, kommer denna sanning/antagande/önskan att speglas i ditt liv, även om det innebär att ett berg ska stiga upp och falla i havet.

Javisst, skrifterna är instruktioner för att manifestera. De förklarar reglerna i spelet av livet och hur man medvetet kan kontrollera det. Att känna igen och förstå detta är mycket viktigt för att på ett rätt sätt kunna ta till sig nästa kapitel.

---

[78] Markusevangeliet 11:23-24 - biblehub.com/mark/11-23.htm

Kapitel 8.1 - Sinnets tolv kvaliteter

Att förstå de tolv kvaliteterna i vårt sinne är en grundläggande förutsättning för manifestation. Följande utdrag från Neville's andra bok *Your Faith is Your Fortune*[79] förklarar dem mycket väl:

Kapitel 18: De tolv lärjungarna

Jesus kallade till sig sina tolv lärjungar och gav dem makt att driva ut orena andar och att bota alla slags sjukdomar och krämpor.[80]

De tolv lärjungarna representerar de tolv kvaliteterna i sinnet som kan styras och disciplineras av människan. Om de disciplineras kommer de alltid att lyda den som har disciplinerat dem.

Dessa tolv kvaliteter i människan är potentialer hos varje sinne. Om de är odisciplinerade liknar deras handlingar mer en mobb än en tränad och disciplinerad armé. Alla stormar och förvirringar som omger människan kan härledas direkt till dessa tolv illa relaterade egenskaper hos det mänskliga sinnet i dess nuvarande vilande tillstånd. Tills de väcks och discipliineras kommer de att tillåta varje rykte och sensuell känsla att styra dem.

När dessa tolv är disciplinerade och under kontroll kommer den som uppnår denna kontroll att säga till

---

[79] amzn.to/3GtoNrw

[80] Matteusevangeliet 10:1 - biblehub.com/matthew/10-1.htm

dem: "Hädanefter kallar jag er inte slavar utan vänner."[81]

Han vet att från och med den stunden kommer varje förvärvad disciplinerad sinnesförmåga att bli hans vän och skydda honom. Namnen på de tolv egenskaperna avslöjar deras natur. Dessa namn ges inte till dem förrän de kallas till lärjungaskap. De är: Simon, senare med efternamnet Petrus, Andreas, Jakob, Johannes, Filip, Bartolomaios, Tomas, Matteus, Jakob Alfeus son, Taddeus, Simon Ivraren och Judas.

Den första egenskapen att kallas och disciplineras är Simon eller förmågan att höra. Denna förmåga, när den lyfts till nivån av en lärjunge, tillåter endast sådana intryck att nå medvetandet som hans hörsel har befallt honom att släppa in. Oavsett vilken visdom människan kanske föreslår eller vilken information hans sinnen kan förmedla, om sådana förslag och idéer inte överensstämmer med det han hör, förblir han oberörd. Denna person har blivit instruerad av sin herre och lärt sig att varje föreslagen idé som han tillåter att passera hans grind kommer att lämna ett avtryck i hans medvetande, vilket med tiden måste bli ett uttryck.

Instruktionen till Simon är att han bara ska tillåta värdiga och ärofulla besökare eller intryck att komma in i huset (medvetandet) av sin herre. Inget misstag kan döljas eller gömmas för hans herre, för varje uttryck av livet berättar för hans herre vilken besökare han medvetet eller omedvetet underhållit. När Simon

---

[81] Johannes 15:15 - biblehub.com/john/15-15.htm

179

genom sina verk bevisar sig själv vara en sann och trogen lärjunge får han efternamnet Petrus eller klippan, den orörlige lärjungen, den som inte kan mutas eller tvingas av någon besökare.

Han kallas av sin herre Simon Petrus, den som troget hör sin herres befallningar och förutom dessa befallningar hör han ingenting. Det är denna Simon Petrus som upptäcker att JAG ÄR Kristus, och för sin upptäckt får han nycklarna till himlen och blir den grundläggande stenen på vilken Guds tempel vilar. Byggnader måste ha fasta grunder och bara den disciplinerade hörseln kan, när han lär sig att JAG ÄR Kristus, förbli fast och orörlig i vetskapen om att JAG ÄR Kristus och bredvid MIG finns ingen frälsare.

Den andra kvaliteten som kallas till lärjungaskap är Andreas eller modet. När den första kvaliteten, tro på sig själv, utvecklas kallar den automatiskt till sig sin bror, modet. Tro på sig själv, som inte ber om någon annans hjälp utan tyst och ensam approprierar medvetandet om den önskade kvaliteten och - trots allt motstånd från förnuftet eller bevisen från hans sinnen - fortsätter att vara trofast - tålmodigt väntar i kunskapen om att hans osynliga anspråk, om upprätthållen, måste förverkligas - sådan tro utvecklar mod och karaktärsstyrka som är bortom de vildaste drömmarna hos den otränade människan vars tro är i det som är synligt.

Den otränade människans tro kan egentligen inte kallas tro. För om arméerna, medicinerna eller människans visdom som hans tro är placerad i tas ifrån honom, försvinner hans tro och mod med det. Men för den disciplinerade kan hela världen tas bort och ändå skulle han förbli trofast i kunskapen om att medvetandetillståndet där han befinner sig måste inkarnera sig i rätt tid. Detta mod är Peters bror Andreas, lärjungen, som vet vad det innebär att våga, att göra och att vara tyst.

De två som kallas efter det är också relaterade. Detta är bröderna Jakob och Johannes, Jakob den rättfärdige domaren och hans bror Johannes, den älskade. Rättvisa måste vara vis och utövas med kärlek, alltid vända den andra kinden till och alltid ge gott för ont, kärlek för hat, icke-våld för våld.

Lärjungen Jakob, symbol för en disciplinerad dom, måste när han höjs till ämbetet som högsta domare vara förbunden så att han inte påverkas av köttet eller döma efter vad som syns. Disciplinerad dom utövas av den som inte påverkas av yttre sken.

Den som har kallat dessa bröder till lärjungaskap fortsätter att troget följa sin uppmaning att endast höra det som han har blivit befallen att höra, nämligen det goda. Mannen som har denna kvalitet av sitt sinne disciplinerat är oförmögen att höra och acceptera som sant någonting, vare sig från sig själv eller en annan, som inte på hörseln fyller hans hjärta med kärlek.

Dessa två lärjungar eller aspekter av sinnet är en och odelbar när de vaknar. En sådan disciplinerad person förlåter alla människor för att vara vad de är. Han vet som en vis domare att varje man uttrycker perfekt det han är som människa, medveten om att vara. Han vet att på det oföränderliga fundamentet av medvetande vilar all manifestation, att förändringar av uttryck endast kan åstadkommas genom förändringar av medvetande. Med varken fördömande eller kritik tillåter dessa disciplinerade kvaliteter av sinnet alla att vara det de är.

Men även om de tillåter denna fullständiga frihet av val för alla, är de ändå ständigt uppmärksamma för att se till att de själva profeterar och gör - både för andra och sig själva - endast sådana saker som när de uttrycks förhärligar, hedrar och ger glädje till uttryckaren.

Den femte kvaliteten som kallas till lärjungaskap är Filip. Han bad om att få se Fadern. Den uppvaknade mannen vet att Fadern är tillståndet av medvetande i vilket människan bor, och att detta tillstånd eller Fader bara kan ses som det uttrycks. Han vet att han själv är den perfekta likheten eller bilden av det medvetande som han identifierar sig med.

Således förklarar han: "Ingen har någonsin sett min Fader, men jag, sonen, som bor i hans barm, har uppenbarat honom[82]; därför, när ni ser mig, sonen, ser ni min Fader, för jag har kommit för att vittna om min Fader." Jag och min Fader, medvetande och dess uttryck, Gud och människa, är ett.

Denna aspekt av sinnet när den disciplineras fortsätter tills idéer, ambitioner och önskningar blir förkroppsligade verkligheter. Detta är kvaliteten som säger "Dock i min kropp skall jag se Gud."[83] Den vet

---

[82] Johannes 1:18 - biblehub.com/john/1-18.htm

[83] Job 19:26 - biblehub.com/job/19-26.htm

hur man gör ord till kött[84], hur man ger form åt det formlösa.

Den sjätte lärjungen som kallas är Bartolomaio. Denna kvalitet är den imaginära förmågan, vilken när den väl vaknar särskiljer en från massorna. En vaken fantasi placerar den som är vaken huvud och axlar över genomsnittsmannen och ger honom utseendet av en fyr i en värld av mörker. Ingen kvalitet skiljer människa från människa som den disciplinerade fantasin. Detta är skiljandet av vetet från agnarna. De som har bidragit mest till samhället är våra konstnärer, vetenskapsmän, uppfinnare och andra med livfulla fantasier.

Om en undersökning skulle göras för att fastställa anledningen till varför så många till synes utbildade män och kvinnor misslyckas i sina år efter universitetet, eller om det skulle göras för att fastställa anledningen till de olika inkomsterna för massorna, skulle det inte finnas någon tvekan om att fantasin spelade en viktig roll. En sådan undersökning skulle visa att det är fantasin som gör en till en ledare medan bristen på det gör en till en följare.

I stället för att utveckla människans fantasi, kväver vårt utbildningssystem det ofta genom att försöka sätta in i människans sinne den visdom han söker. Det tvingar honom att memorera ett antal läroböcker som alltför snart avfärdas av senare läroböcker. Utbildning uppnås inte genom att lägga något i människan; dess syfte är att dra ut ur människan den

---

84 Johannes 1:14 - biblehub.com/john/1-14.htm

visdom som ligger latent inom honom. Låt läsaren kalla på Bartolomaio till lärlingskap, för endast när denna kvalitet höjs till lärlingskap kommer du att ha kapacitet att konstruera idéer som kommer att lyfta dig bortom människans begränsningar.

Den sjunde kallas Tomas. Denna disciplinerade egenskap ifrågasätter eller förnekar varje rykte och förslag som inte harmoniserar med det som Simon Petrus har blivit beordrad att låta komma in. Mannen som är medveten om att han är frisk (inte på grund av ärftlig hälsa, kost eller klimat, utan för att han är vaken och vet tillståndet i medvetandet där han lever) kommer, trots världens förhållanden, att fortsätta att uttrycka hälsa.

Han kan höra genom tidningar, radio och kloka män i världen att en pest sveper över jorden, men han skulle förbli orörd och oberörd. Tomas, tvivlaren - när disciplinerad - skulle förneka att sjukdom eller något annat som inte är i harmoni med det medvetande han tillhör har någon kraft att påverka honom.

Denna kvalitet av förnekande - när disciplinerad - skyddar människan från att ta emot intryck som inte är i harmoni med dennes natur. Han antar en inställning av total likgiltighet för alla förslag som är främmande för det han önskar uttrycka. Disciplinerat förnekande är inte en kamp eller en strid utan total likgiltighet.

Matteus, den åttonde, är Guds gåva. Denna kvalitet i sinnet avslöjar människans önskningar som gåvor från Gud. Mannen som har kallat denna lärjunge till tillvaron vet att varje önskan i hans hjärta är en gåva från himlen och att den innehåller både kraften och planen för dess självuttryck. En sådan man ifrågasätter aldrig sättet på vilket önskan kommer att uttryckas. Han vet att uttryckets plan aldrig avslöjas för människan, eftersom Guds sätt är svårt att förstå.[85]

Han accepterar fullt ut sina önskningar som redan mottagna gåvor och går sin väg i frid, övertygad om att de kommer att uppenbara sig.

Den nionde lärjungen kallas Jakob, son till Alfeus. Detta är kvaliteten på urskiljning. Ett klart och ordnat sinne är rösten som kallar på denna lärjunge. Denna förmåga uppfattar det som inte uppenbaras för människans öga. Denna lärjunge dömer inte efter utseende, för den har kapacitet att fungera i orsakernas rike och blir aldrig vilseledd av framträdanden.

Klarsynthet är förmågan som vaknar när denna kvalitet utvecklas och disciplineras, inte klarsynthet från mediumistiska seansrum, utan den sanna klarsynthet eller det klara seendet från mystikern. Detta innebär att denna aspekt av sinnet har kapacitet att tolka det som ses. Urskiljning eller förmågan att diagnostisera är kvaliteten hos Jakob, son till Alfeus.

Taddeus, den tionde, är lärjungen av lovprisning, en kvalitet som den otränade människan saknar. När denna kvalitet av lovprisning och tacksägelse är vaken inom människan, går han med orden "Tack, Fader" alltid på sina läppar. Han vet att hans tacksamhet för osynliga saker öppnar himlens fönster och

---

[85] Romarbrevet 11:33 - biblehub.com/romans/11-33.htm

tillåter gåvor som är bortom hans förmåga att ta emot att hällas över honom. En man som inte är tacksam för saker som han fått är inte sannolikt att få många gåvor från samma källa. Tills denna kvalitet hos sinnet är disciplinerad kommer människan inte att se öknen blomma som en ros. Lovprisning och tacksägelse är för osynliga gåvor från Gud (människans önskningar) vad regn och sol är för osynliga frön i jordens sköte.

Den elfte kvaliteten som kallas är Simon Ivraren. En bra nyckelfras för denna lärjunge är "Höra goda nyheter". Simon Ivraren, eller Simon från mjölk och honungslandet, när han kallas till lärjungaskap är beviset på att den som kallar på denna förmåga har blivit medveten om det överflödande livet. Han kan säga med psalmisten David: "Du däckar bordet åt mig mitt i fiendeland, du smörjer mitt huvud med olja, min bägare flyter över."[86] Denna disciplinerade aspekt av sinnet är oförmögen att höra någonting annat än goda nyheter och är därför väl kvalificerad att predika evangeliet eller goda nyheter.

Den tolfte och sista av de disciplinerade sinneskvaliteterna kallas Judas. När denna kvalitet är vaken vet människan att han måste dö till det han är innan han kan bli det han vill vara. Därför sägs det om denna lärjunge att han begick självmord, vilket är mystikerns sätt att berätta för initierade att Judas är den disciplinerade aspekten av avskildhet. Denna vet att hans "Jag Är" eller medvetande är hans frälsare, så

---

[86] Psalm 23:5 - biblehub.com/psalms/23-5.htm

han låter alla andra frälsare gå. Denna kvalitet - när den är disciplinerad - ger en styrkan att släppa taget.

Mannen som har kallat Judas till existens har lärt sig att ta sin uppmärksamhet bort från problem eller begränsningar och att lägga den på det som är lösningen eller frälsaren.

"Sannerligen, jag säger er: Den som inte föds på nytt kan inte se Guds rike."[87] "Ingen har större kärlek än den som ger sitt liv för sina vänner."[88]

När människan inser att den kvalitet han önskar, om den realiseras, skulle rädda och stödja honom, ger han villigt upp sitt liv (nuvarande uppfattning om sig själv) för sin vän genom att skilja sitt medvetande från det han är medveten om att vara och anta medvetandet om det han vill vara.

Judas, den som världen i sin okunnighet har svartmålat, kommer när människan vaknar från sitt odisciplinerade tillstånd att placeras på hög plats, för Gud är kärlek och ingen har större kärlek än denna - att ge sitt liv för en vän.

Tills människan släpper taget om det han är medveten om att vara kommer han inte att bli det han vill vara; och Judas är den som åstadkommer detta genom självmord eller avskildhet.

Dessa är de tolv kvaliteterna som gavs till människan vid världens grund.

---

[87] Johannes 3:3 - biblehub.com/john/3-3.htm
[88] Johannes 15:13 - biblehub.com/john/15-13.htm

Människans plikt är att höja dem till nivån av lärjung-
askap. När detta är uppnått kommer människan att
säga: "Jag har förhärligat dig på jorden genom att
fullborda det verk som du gav mig att utföra. Far, för-
härliga nu mig med den härlighet som jag hade hos
dig innan världen var till."[89]

Sammanfattningsvis är de tolv kvaliteterna i sinnet
och deras värde genom disciplin följande:

1. *Antagandets kvalitet:* Detta är tron på sig själv och
vissheten om att ens egna antagande, uppfattat som
sant, kommer att förvandlas till verklighet. Denna
kvalitet vet att höra och acceptera endast det som är
i harmoni med ens egen önskan.

2. *Modets kvalitet:* Genom tron på sig själv avslöjas
mod och karaktärsstyrka. Tron på sig själv och viss-
heten om att ens medvetandetillstånd kommer att
förverkligas återspeglar detta mod och denna karak-
tärsstyrka externt.

3 & 4. *Kvaliteten av rättvisa och kärlek:* Rättvisa
måste utövas med kärlek för att vara vis. Man får inte
låta sig bländas av det yttre och vara medveten om
att personens (tillstånd av) medvetande orsakar ef-
fekten.

5. *Kvaliteten av den vaknade personen:* Att veta att
allting är Gud, inklusive en själv. Tillstånden i Guds
medvetande som vi kan anta är den enda orsaken till
varje manifestation i den yttre världen.

---

[89] Johannes 17:4 - biblehub.com/john/17-4.htm

6. Kvaliteten av fantasi: Att vara medveten om kraften som skapat allting. Det är endast med vår fantasi som vi har möjlighet att transcendera våra gränser och göra det omöjliga möjligt.

7. Kvaliteten av likgiltighet: Att veta att den yttre världen och all dess påstådda bevis egentligen inte har någon relevans. De sätter inte orsaker utan är bara effekter av vårt egna medvetandetillstånd. Med denna kunskap kan vi vara likgiltiga till allt som är utanför oss själva.

8. Kvaliteten av att betrakta önskan som en gåva: Att veta att Guds vägar är ofattbara och acceptera att ens önskan innehåller alla nödvändiga medel, krafter och sätt att förverkliga dem. Att veta att ens önskan samtidigt speglar ens gåva, givet oss av Gud.

9. Kvaliteten av urskiljning: Att inse att varje effekt vi kan uppleva i den yttre världen har medvetande som dess orsak. Detta gör det möjligt för oss att diskriminera korrekt och inte låta oss vilseledas av den yttre världen. Detta är kvaliteten av korrekt diagnos, nyckeln som leder ut ur illusionen av den yttre världen.

10. Kvaliteten av tacksamhet: Kunskapen om att det önskade tillståndet, accepterat i uppriktig tacksamhet, orsakar den nödvändiga energin för att påkalla detta tillstånd. Äkta tacksamhet för stora och små saker i livet gör en säng av rosor av alla öknar.

11. Kvaliteten av goda nyheter: Att veta att myntet alltid är neutralt och genom ens egen tolkning, får man fram önskad sida och energier.

12. Kvaliteten av att släppa taget: Att veta att det gamla tillståndet, den gamla personen måste dö för att fullt ut acceptera det nya tillståndet, den nya personen. Lösningen är att lossna från det gamla och fullt ut kliva in i det nya tillståndet.

Dessa är de tolv kvaliteterna hos vårt sinne, och när de disciplineras, kan de öppna upp alla tänkbara och otänkbara möjligheter - himmelriket på jorden!

Kapitel 8.2 - Nevilles föreläsning - Mentala dieter, ditt självprat skapar manifestationer

Utöver de tolv kvaliteterna hos vårt sinne är självprat en av de viktigaste aspekterna av manifestation. För en djupare förståelse kommer vi att använda Nevilles föreläsning *Mentala dieter - Självprat skapar verkligheten* från 1955.

———

"Att prata med sig själv är en vana som alla ägnar sig åt. Vi kan inte sluta prata med oss själva mer än vi kan sluta äta och dricka. Allt vi kan göra är att kontrollera naturen och riktningen av våra inre samtal. De flesta av oss är helt omedvetna om att våra inre samtal är orsaken till omständigheterna i vårt liv.

Vi får veta att "såsom en man tänker i sitt hjärta, så är han"[90] . Men vet vi att en mans tanke följer spåren som lagts ner i hans egna inre samtal? För att vända spåren åt det håll han vill gå, måste han avlägsna sitt tidigare samtal, som kallas den Gamla Människan[91] i Bibeln, och förnya sin sinnesstämning. Tal är bilden av sinnet; därför måste han först ändra sitt tal för att förändra sitt sinne. Med 'tal' menas de inre samtal vi för med oss själva.

Världen är en magisk cirkel av oändliga möjliga mentala förvandlingar. För det finns ett oändligt antal möjliga inre samtal. När människan upptäcker den skapande kraften i inre samtal kommer han att förstå sin funktion och sitt uppdrag i livet. Då kan han agera

---

[90] Matteusevangeliet 12:34 - biblehub.com/matthew/12-34.htm

[91] Efesierbrevet 4:22 - biblehub.com/ephesians/4-22.htm

med ett syfte. Utan en sådan kunskap agerar han omedvetet. Allt är en manifestation av de inre samtal som pågår i oss utan att vi är medvetna om dem. Men som civiliserade varelser måste vi bli medvetna om dem och agera med ett syfte.

En mans inre samtal drar till sig hans liv. Så länge det inte sker någon förändring i hans inre tal förblir mannens personliga historia densamma. Att försöka förändra världen innan vi förändrar vårt inre tal är att kämpa mot naturens väsen. Människan kan gå runt och runt i samma cirkel av besvikelser och olyckor, utan att se dem som orsakade av sitt eget negativa inre tal, utan som orsakade av andra. Detta kan verka avlägset, men det är en fråga som lämpar sig för forskning och experiment. Formeln som kemisten illustrerar är inte mer säkerställd än formeln för denna vetenskap, en vetenskap genom vilken ord kläs i objektiv verklighet.

En dag berättade en tjej för mig om sina svårigheter att arbeta med sin arbetsgivare. Hon var övertygad om att han kritiserade orättvist och avvisade hennes allra bästa ansträngningar. Efter att ha hört hennes berättelse förklarade jag att om hon tyckte att han var orättvis var det ett säkert tecken på att hon själv behövde en ny konversationspartner. Det fanns ingen tvekan om att hon mentalt argumenterade med sin arbetsgivare, för andra ekar bara det som vi viskar till dem i hemlighet. Hon erkände att hon argumenterade mentalt med honom hela dagen. När hon insåg vad hon hade gjort gick hon med på att ändra sina inre samtal med sin arbetsgivare. Hon föreställde sig att han hade gratulerat henne för hennes fina arbete och att hon i sin tur hade tackat honom för hans beröm och vänlighet. Till hennes stora glädje upptäckte hon snart att hennes egen attityd var orsaken till allt som hände henne. Beteendet hos hennes arbetsgivare vände sig. Det ekade, som det alltid hade gjort, hennes mentala samtal med honom.

Jag ser sällan en person ensam utan att undra "till vilken konversationspartner är han bunden? På vilket mystiskt spår går han? "Vi måste börja leva medvetet. För lösningen på alla problem ligger just i detta: Den andra människan, Herren från himlen i oss alla, försöker bli självmedveten i kroppen, så att han kan syssla med sin faders affärer. Vilka är hans arbetsuppgifter? Att imitera sin far, att bli mästare över Ordet, mästare över sina inre samtal, så att han kan forma vår värld till en likhet med Kärlekens rike.

Profeten sa: "Var ni efterföljare av Gud som älskade barn."[92] Hur skulle jag imitera Gud? Vi får veta att Gud kallar saker som inte ses som om de har setts, och det osynliga blir synligt. Så kallade tjejen fram beröm och vänlighet från sin arbetsgivare. Hon förde en inbillad konversation med sin arbetsgivare från antagandet att han hade berömt hennes arbete, och det gjorde han.

Våra inre samtal representerar på olika sätt världen vi lever i. Våra individuella världar är självavslöjanden av vårt eget inre tal. Vi får höra att varje meningslöst ord som människor talar, ska de ge räkenskap för. För av sina ord ska de bli dömda eller frikända.[93]

[92] Efesierbrevet 5:1 - biblehub.com/ephesians/5-1.htm
[93] Matteusevangeliet 12:36 - biblehub.com/matthew/12-36.htm

Vi överger oss åt negativt inre tal, men förväntar oss ändå att behålla kontrollen över livet. Våra nuvarande inre samtal går inte tillbaka i tiden, som människan tror. De går framåt in i framtiden för att möta oss som förlorade eller investerade ord. "Mitt ord", sa profeten, "skall inte återvända till mig tomt, utan det skall åstadkomma vad jag vill och lyckas i allt som jag sänder det till."[94]

Hur skulle jag sända mitt ord för att hjälpa en vän? Jag skulle föreställa mig att jag hör hans röst, att han är fysiskt närvarande, att min hand är på honom. Jag skulle då gratulera honom till hans goda lycka, berätta för honom att jag aldrig har sett honom se bättre ut. Jag skulle lyssna som om jag hörde honom; jag skulle föreställa mig att han berättar för mig att han aldrig har känt sig bättre, han har aldrig varit lyckligare. Och jag skulle veta att i denna kärleksfulla, medvetna gemenskap med en annan, en gemenskap full av kärleksfulla tankar och känslor, så var mitt ord sänt, och det ska inte återvända till mig tomt, utan det ska lyckas i det som jag har sänt det till.

"Nu är den accepterade tiden, nu är frälsningens dag."[95] Det är bara det som görs nu som räknas, även om dess effekter kanske inte syns förrän imorgon. Vi ropar inte högt, utan genom en inre ansträngning av intensiv uppmärksamhet. Att lyssna uppmärksamt, som om du hörde, är att skapa. Livets händelser och relationer är ditt ord gjort synligt. De flesta av oss berövar andra deras vilja och förmåga att vara vänliga

---

[94] Jesaja 55:11 - biblehub.com/isaiah/55-11.htm
[95] 2 Korinthierbrevet 6:2 - biblehub.com/2_corinthians/6-2.htm

och generösa genom våra fasta attityder gentemot dem. Våra attityder utvecklas inom oss i form av inre samtal. Inre tal från premisser av uppfylld önskan är vägen för att medvetet skapa omständigheter.

Våra inre samtal återspeglas ständigt runt omkring oss i händelser. Därför måste vi se och höra det vi önskar se och höra utanför oss inom oss, för hela den manifesterade världen visar oss hur vi använder ordet. Om du övar konsten att kontrollera dina inre samtal på detta sätt, kommer du också att känna hur fantastiskt det är att kunna säga: "Jag har sagt er det innan det händer, så att när det händer kan ni tro det."[96] Du kommer att kunna medvetet använda din fantasi för att omvandla och rikta de enorma skapande energierna från dina inre samtal från den mentala, känslomässiga nivån till den fysiska nivån. Och jag vet inte vilka begränsningar, om några, det finns för en sådan process.

Vad är ditt mål? Matchar dina inre samtal ditt mål?

Det måste de göra, om du vill uppnå ditt mål. För som profeten frågade: "Kan två gå tillsammans om de inte är överens?"[97] Och självklart är svaret "Nej, det kan de inte". De två som måste vara överens är dina inre samtal och det önskade tillståndet. Det vill säga, det du vill se och höra utanför dig själv, måste du se och höra inom dig själv.

Varje steg i människans framsteg görs genom det medvetna användandet av sin fantasi som matchar

---

[96] Johannes 13:19 - biblehub.com/john/13-19.htm

[97] Amos 3:3 - biblehub.com/amos/3-3.htm

hans inre tal till hans uppfyllda önskan. När vi kontrollerar vårt inre tal, matchande det till våra uppfyllda önskningar, kan vi lägga bort alla andra processer. Sedan agerar vi helt enkelt genom tydlig fantasi och intention: vi föreställer oss önskan uppfylld och för inre samtal från den premissen. Det rätta inre talet är det tal som skulle vara ditt om du skulle förverkliga din idealbild. Med andra ord är det talet om uppfyllda önskningar.

Nu förstår du hur vis den uråldrige var när han i Hermetica sa: "Det finns två gåvor som Gud har beviljat människan ensam och ingen annan dödlig varelse. Dessa två är sinnet och talet, och gåvan av sinnet och talet är jämförbar med odödlighetens gåva. Om en människa använder dessa två gåvor på rätt sätt, kommer hon inte att skilja sig från de odödliga. Och när hon lämnar sin kropp, kommer sinnet och talet att vara hennes ledare, och med dem kommer hon att tas in i gudarnas trupp och själarna som har uppnått lycka."[98]

Med gåvan av sinne och tal skapar du livets villkor och omständigheter. "I begynnelsen var Ordet, och Ordet var hos Gud, och Ordet var Gud."[99] Ordet, sa Hermes, är Sonen, och Sinnet är Fadern till Ordet. De är inte separerade från varandra, för livet är föreningen av Ordet och Sinnet. Du och din inre konversation, eller Ord, är ett. Om ditt sinne är ett med dina inre samtal, då att förvandlas i sinnet är att förvandlas i samtalet.

---

[98] tinyurl.com/TheCorpusHermeticum
[99] Johannes 1:1 - biblehub.com/john/1-1.htm

Det var en blixt av den djupaste insikten som lärde Paulus att skriva, "Därför ska ni lämna ert gamla liv och lägga bort den gamla människan som går under, bedragen av sina begär. Låt er förnyas till ande och sinne och klä er i den nya människan" "Klä er i den nya människan" och "Låt er förnyas till ande och sinne"[100] är att ändra din inre konversation, för tal och sinne är ett - en förändring av tal är en förändring av sinnet.

Profeten Samuel sa: "Herrens Ande har talat genom mig, hans ord är på min tunga."[101] Om Herrens Ord var på profetens tunga, då måste Herrens mun som uttalade Ordet vara människans sinne, för inre samtal härstammar från sinnet och producerar små, små talrörelser på tungan. Profeten säger till oss att Guds mun är människans sinne, att våra inre samtal är Guds Ord som skapar liv omkring oss när vi skapar det inom oss själva.

I Bibeln sägs det att Ordet är mycket nära oss, i vår mun och i vårt hjärta, så att du kan göra det. "Se, jag lägger framför dig i dag liv och gott, död och ont, välsignelser och förbannelser. Välj livet." Livets villkor och omständigheter skapas inte av någon kraft utanför dig själv; de är villkoren som uppstår från utövandet av din valfrihet, din frihet att välja de idéer som du kommer att svara på.

nuvarande inre samtal. Du skapar din framtid genom dina inre samtal. Världarna skapades av Guds Ord, det vill säga dina inre samtal.

> "Ser du åkrarna där borta? Sesam var sesam, majs var majs. Tystnaden och mörkret visste det! Så föds en människas öde."
>
> —
>
> Sir Edwin Arnold - Asiens ljus[102]

Slutet motsvarar början. Om du vill skörda framgång måste du så framgång. Tanken i ditt sinne som sätter igång hela processen är tanken som du accepterar som sanning. Detta är en mycket viktig punkt att förstå, för sanning beror på intensiteten av fantasin, inte på "fakta". När tjejen föreställde sig att hennes arbetsgivare var orättvis, bekräftade hans beteende hennes fantasi. När hon ändrade sin uppfattning om honom, speglade hans beteende förändringen och bevisade att om ett antagande, även om den är falsk, hålls fast vid blir det en faktisk verklighet.

Sinnet beter sig alltid i enlighet med det antagande med vilket det börjar.

Därför måste vi anta att vi är framgångsrika för att uppleva framgång. Vi måste leva helt på fantasins nivå och det måste göras medvetet och avsiktligt. Det spelar ingen roll om yttre förhållanden för närvarande förnekar sanningen i ditt antagande, om du

---

[102] tinyurl.com/LightAsia

fortsätter att tro på det kommer det att bli en faktisk verklighet.

Tecken följer, de föregår inte.

Att anta en ny uppfattning om dig själv innebär att till den graden ändra din inre dialog eller Guds ord så att du kan applicera det på den "nya personen". Vår inre dialog, även om den inte hörs av andra, är mer produktiv för framtida förhållanden än alla hörbara löften och hot från människor. Dina ideal väntar på att förkroppsligas, men om du inte själv ger det "mänskligt föräldraskap" är det oförmöget att födas. Du måste definiera personen du vill vara och sedan anta känslan av att din önskan har uppfyllts i tro att detta antagande kommer att finna uttryck genom dig.

Det sanna testet av religion ligger i dess användning, men människor har gjort det till något att försvara. Det är till dig som orden talar: "Salig är hon som trodde, ty det som Herren har låtit säga henne skall gå i uppfyllelse." Testa det. Prova det. Föreställ dig själv vara den du vill vara och förbli trogen till den uppfattningen, för livet är bara ett övningsfält för "bildskapande". Prova det och se om livet inte formar sig efter modellen av din fantasi.

Allt i världen vittnar om användningen eller missbruket av människans inre talande. Negativt inre talande, särskilt ont och avundsjukt inre talande, är grogrund för framtida slagfält och fängelser i världen. Genom vana har människan utvecklat en hemlig tillgivenhet för dessa negativa inre samtal. Genom dem rättfärdigar han misslyckanden, kritiserar sina grannar, gläds åt andras nöd och i allmänhet utlöser han sitt gift på alla. Ett sådant missbruk av Ordet upprätthåller våldet i världen.

Självförvandlingen kräver att vi mediterar över en given fras, en fras som antyder att vårt ideal är förverkligat, och inom oss bekräftar den om och om igen tills vårt inre påverkas av dess innebörd, tills vi besitter den. Håll fast vid dina nobla inre övertygelser eller "samtal". Ingenting kan ta dem från dig förutom du själv. Ingenting kan hindra dem från att bli objektiva fakta. Alla saker genereras ur din fantasi genom Guds ord, som är dina egna inre samtal. Och varje fantasi skördar sina egna ord precis som den inom sig har talat.

Den stora hemligheten till framgång är en kontrollerad inre dialog från utgångspunkter av uppfyllda önskningar. Det enda pris du betalar för framgång är att ge upp ditt tidigare inre samtal som tillhör den gamla människan, den misslyckade människan. Tiden är mogen för många av oss att ta medveten styrning i skapandet av himmel på jorden. Att medvetet och frivilligt använda vår fantasi, att inom oss höra och säga bara det som är i harmoni med vårt ideal, är att aktivt föra himlen till jorden. Varje gång vi utövar vår fantasi kärleksfullt till förmån för en annan, medlar vi bokstavligen Gud till den personen. Använd alltid din fantasi mästerligt, som deltagare, inte som åskådare. När du använder din fantasi för att omvandla energi från det mentala, emotionella planet till det fysiska planet, utvidga dina sinnen - se och föreställ dig att du ser det du vill se, att du hör det du vill höra och att du rör vid det du vill röra. Bli intensivt medveten om att du gör det. Ge ditt imaginära tillstånd alla toner och känslor av verkligheten. Fortsätt att göra så tills du väcker känslan av uppfyllelse och lättnad inom dig själv.

Detta är en aktiv, frivillig användning av fantasi som skiljer sig från passiv, ofrivillig acceptans av företeelser. Det är genom denna aktiva, frivilliga användning av fantasin som den "andra människan", Herren från himlen, väcks i människan. Människan kallar fantasi för en leksak, "dröm förmågan". Men faktiskt är det själva porten till verkligheten. Fantasi är vägen till det önskade tillståndet; det är sanningen om det önskade tillståndet och livet i det önskade tillståndet. Om du kunde förstå detta fullt ut, skulle du veta att det enda viktiga är vad du gör i din fantasi. Inom cirkeln av vår fantasi utspelas hela dramat av livet om och om igen. Genom djärv och aktiv användning av fantasin kan vi sträcka ut handen och vidröra en vän tiotusen mil bort och ge hälsa och välstånd till hans uttorkade läppar. Det är vägen till allt i världen. Hur skulle vi annars kunna fungera bortom våra köttsliga begränsningar? Men fantasin kräver av oss en fylligare levnad av våra drömmar i nuet.

Genom portarna av nuet måste hela tiden passera. Tänk dig någon annanstans som här, och då som nu. Testa det och se. Du kan alltid veta om du har lyckats göra den framtida drömmen till en faktisk verklighet genom att observera din inre dialog. Om du säger det inombords som du skulle ha sagt högt om du fysiskt var närvarande och rörde dig omkring på den platsen, då har du lyckats. Och du kan förutspå det från dessa inre samtal, och från de stämningar som de väcker inom dig, vad din framtid kommer att vara. För en kraft ensamt gör en förutsägelse - fantasin, den gudomliga visionen. Allt vi möter är vårt ord som blir synligt. Och det som vi inte förstår är relaterat genom affinitet till de oigenkända krafterna i våra egna inre samtal och de stämningar och sinnestillstånd som de väcker inom oss. Om vi inte gillar vad som händer i våra liv, är det ett tydligt tecken på att vi behöver en förändring i vår mentala diet. För människan, som vi fått veta, lever inte av bröd ensamt utan av varje ord som kommer från Guds mun. Och när vi har upptäckt att Guds mun är människans sinne, ett sinne som lever på ord eller inre samtal, borde vi mata våra sinnen med bara kärleksfulla, nobla tankar. För med ord eller inre samtal bygger vi vår värld.

Låt kärlekens furstliga hand höja din hunger och törst till allt som är ädelt och av god rapport, och låt ditt sinne svälta innan du lyfter din hand till en kopp som kärlek inte fyllde eller en skål som kärlek inte välsignat. Så att du aldrig mer behöver säga: "Vad har jag sagt? Vad har jag gjort, å allsmäktiga mänskliga ord?"

———

Ditt inre självprat kan vara osynligt till en början, men resultatet av det blir förr eller senare synligt i din yttre värld. Förstå detta faktum så att du kan styra ditt inre självprat mer medvetet. Ditt självprat är inget annat än en hörbar imaginär handling som, beroende på intensiteten, upplevs på ett tydligt sätt och därigenom orsakar – mestadels omedvetna – manifestationer.

Neville säger till och med, "Den rätta inre konversationen är det första steget för att bli det du vill vara. Vi föreställer oss den uppfyllda önskan och från den grunden har vi vårt inre självprat."

Kom ihåg: Du föder din inre värld, din självbild, ditt undermedvetna med ditt självprat som sedan återspeglas på utsidan. Ditt inre självprat måste kretsa kring det faktum att din önskan redan har uppfyllts. Annars kommer det önskade resultatet inte att speglas.

I det fallet skulle du inte vara medveten om din önskan uppfylld. Utför instruktionerna för manifestation igen, fortsätt i ditt antagande och styr ditt inre självprat i riktning mot din uppfyllda önskan.

Kapitel 9 - Använd bön för att nå tillståndet av din önskan

Innan jag förklarar denna teknik, vill jag först säga: att be eller att be en bön har inget att göra med att be om något eller till och med be om nåd! Det är tvärtom. Att be eller att be en bön är att erkänna och tacka för ett tillstånd som vi längtar efter. Du når tillståndet av din önskan genom att be en bön. Genom att göra detta tillfredsställer du din hunger för din önskan. Bön är ett samspel mellan en affirmation som uppfattas som sann och given och ett sömnliknande tillstånd! Neville Goddard beskrev det så här: *"Bön är konsten att acceptera med tacksamhet känslan av redan vara och ha det du vill vara och ha."*

Så för alla icke-religiösa personer som läser detta: Bön i vår mening har ingenting att göra med någon religion eller religiös praxis. Det är en praxis där man erkänner ett önskat tillstånd för sig själv och visar tacksamhet för det. Med andra ord är att be en bön en manifestationsteknik.

Kapitel 9.1 - Nevilles föreläsning: Hur man verkligen ber

Det finns en god anledning till varför Bibeln citerar Jesus med bönen: "Fader, jag tackar dig för att du har hört mig."[103] Vi kommer att lära oss denna anledning från Neville i hans tal: *Hur man verkligen ber.*

———

"Jag tror att du kommer att finna kvällens budskap mycket praktiskt... något som alla verkligen bör ha och tillämpa. Hela livet är stillandet av hunger och de otaliga medvetandetillstånd från vilka individen kan tänka och se på världen.

Bön är ett sätt att stilla denna hunger. Jag säger detta eftersom ditt medvetandetillstånd alltid blir ditt yttre.

Om du vet hur du ska röra dig från din nuvarande status - om du ogillar den - till den status du vill yttre, då har du hemligheten. Och det är det jag ska försöka berätta för dig ikväll.

Vi är bara medvetandetillstånd som projiceras ut - allt i denna värld. Och alla är innehållna inom individen.

I Bibeln talar vi om bön. Och bön, för världen, betyder "att be om". Men inte i Bibeln. Det är tacksägelse. Det är lovprisning. Det är inte en begäran. Vi talar i Bibeln om omvändelse, och världen tror att det betyder "ångerfull", "ha dåligt samvete".

---

[103] Johannes 11:42 - biblehub.com/john/11-41.htm

Det är inte vad Bibeln lär. Bön och omvändelse är nästan synonymer. Vi uppmanas att bära frukt som passar omvändelse.[104] Därefter säger de till huvudpersonen i skriften (Jesus): "Du och dina lärjungar äter och dricker med syndare." Och han svarade: "Jag har inte kommit för att kalla de rättfärdiga, utan syndare till omvändelse."[105]

Lämna de rättfärdiga ifred. De är så självgoda. De är som sig själva, så lämna dem ifred. Ordet "synd" har ingenting att göra med att bryta någon moralisk kod. Ordet "synd" betyder "att missa målet".

Du har ett mål i livet; du har inte uppnått det. Då syndar du. Du kan ha en miljard dollar och fortfarande vara hungrig efter mer. Då syndar du om du inte har det andra. Du kan följa alla världens så kallade regler, påtvingade dig av prästerskapen i världen. Det betyder ingenting, enligt skrifterna. "Att omvända sig" är helt enkelt en radikal förändring av attityd. Det är vad omvändelse betyder.

För om jag radikalt ändrar min inställning till livet kommer jag att se världen från den förändringen av inställning. Och den förändringen är en förändring av medvetandet. Och den förändringen kommer att uttrycka sig i min värld.

Omvändelse är samtidigt människans ansvar och en gåva från Gud. Låt oss visa vad jag menar med det.

---

[104] Matteusevangeliet 3:8 - biblehub.com/matthew/3-8.htm
[105] Lukasevangeliet 5:30-32 - biblehub.com/luke/5-30.htm

Han (Jesus) sa "Jag och min Fader är ett. Ändå går jag till min Fader, för min Fader är större än jag."[106]

Vi är ett, ändå är min Fader större än jag. Så jag går till min Fader.

Hur kommer vi till detta konstiga, speciella uttalande, och vad betyder det?

I rollen som utsänd är jag inte underlägsen min väsentliga existens - Sändaren - men endast i rollen som utsänd är jag begränsad. Jag måste leva på tro. Tro på vad? Tro på Sändaren. Det är jag själv. Det är Fadern, "för jag och min Fader är ett." Men när jag blir utsänd till den här världen för att uppleva döden och begränsningen av människan är jag till synes underlägsen mig själv, Sändaren. Så när jag omvänder mig går jag till Sändaren. Först gör jag vad jag måste göra. Så jag sa att omvändelse är samtidigt människans ansvar och en gåva från Gud.

Vad är nu mitt ansvar?

Jag vill förändra min värld. Så då frågar jag mig själv: "Vad skulle jag se om jag förändrades? Hur skulle jag se världen om min värld var precis som jag vill att den ska vara? Hur skulle jag se det?"

Ja, då ser jag det.

I mitt sinnes öga föreställer jag mig en scen som skulle antyda att det är sant. Leva som om det vore sant i mitt sinnes öga. Jag vet att jag inte kan göra det så. Men i djupet av mitt eget väsen, Fadern: Han har makten att göra det så.

---

[106] Johannes 10:30 - biblehub.com/john/10-30.htm

Så jag går till min Fader.

Hur går jag till min Fader? Först och främst gör jag det jag är kallad att göra: Jag spelar upp en scen som antyder uppfyllelsen av min dröm, och sedan överlämnar jag det helt och hållet, i tacksägelse, till Honom. Det är mig själv. Det är mitt väsen. Men det övergår mitt förnuft.

Jag vet inte, på den här nivån, hur det kan göras. Men jag vet att om jag har tro på Honom - som är mitt eget jag - kommer det att ske i min värld. För vi får veta i skriften: "Utan tro är det omöjligt att behaga Honom. Och de som vill närma sig Honom måste tro att Han finns och att Han belönar dem som söker Honom."[107]

Ja, utan tro är det omöjligt att behaga Honom.

Vad är tro? Samma kapitel i Hebreerbrevet definierar "tro" för oss: "Tron är en övertygelse om det man hoppas, en visshet om ting som man inte ser." Genom tron förstår vi att universum har skapats genom ett ord från Gud, så att det vi ser inte har blivit till av något synligt."[108]

Nåväl, i min värld har det ännu inte uppenbarat sig. Jag säger att allt finns inom min fantasi. Så jag kommer att skapa en scen som skulle antyda att det är verkligt. Och sedan går jag i tacksamhet inom mig själv.

Nu sägs den mest underbara bön som uttalas finnas i Johannesevangeliet, kapitel elva. Han står vid

---

[107] Hebreerbrevet 11:6 - biblehub.com/hebrews/11-6.htm

[108] Hebreerbrevet 11:1 - biblehub.com/hebrews/11-1.htm

dödens port och han lyfter sina ögon och säger "Tack, Fader, för att du har hört mig. Jag visste att du alltid hör mig."[109] Ja, jag kan inte förneka att djupet av mitt eget väsen hör vad jag gör, vad jag säger inom mig. Så jag kan verkligen säga, "Fader, tack." Han hörde säkert vad jag sa.

Är det nu stöttat av något skriftord?

Ja. Återigen, i Johannesevangeliet, men nu i hans brev... det första brevet. Och i detta sa han: "Om vi tror att han hör oss oavsett vad vi ber honom om, vet vi att vi redan har fått den begäran gjord av honom."[110] Om jag helt enkelt kan anta att jag är den mannen jag vill vara... men visst har djupet av mitt eget väsen sett det antagandet. Han har hört det antagandet.

Kan jag faktiskt tro att det är allt jag behöver göra?

Nåväl, jag måste erkänna att jag inte kan göra det på den här nivån. Jag är inte klok nog på den här nivån för att ta fram de medel som krävs för att ge yttre form åt det jag har antagit att jag är.

Har du bevisat det, Neville?

Otaliga gånger. Otaliga gånger.

När jag var helt utestängd på vissa områden - fängslad, så att säga ... inte i federalt fängelse, men i ett tillstånd av fångenskap ... Du befinner dig på en ö, där du njöt av fyra månader av det ... nästan fem månader. Men du har ett åtagande i Amerika. Du måste

---

[109] Johannes 11:41-42 - biblehub.com/john/11-41.htm

[110] 1 Johannes 5:15 - biblehub.com/1_john/5-15.htm

komma tillbaka. Och sedan får du veta att det inte finns någon möjlighet att återvända förrän tidigast i september. Och det blir tidigast. Och ditt åtagande är i Milwaukee den första veckan i maj.

Vad ska du göra då?

Ingen möjlighet. Inga skepp tar på sig passagerare, och listan sträcker sig till tusentals som väntar genom hela Karibien, från Trinidad hela vägen upp. Alla väntar. Och du är på ön Barbados, utan att ha gjort några förberedelser för din återkomst till Amerika när du seglade till Barbados fem månader tidigare.

Vad gjorde jag då?

Jag satt helt enkelt i en stol i mitt hotellrum och antog att jag var på en liten båt som rörde sig mot båten - för det var tiden innan djupvattenhamn. Nu har vi en djupvattenhamn.

Men då kom en liten båt ut till skeppet som väntade kanske en halv mil ute till havs. Och sedan gick du upp på en gångbro. Så jag klev helt enkelt upp på gångbron och gick upp på den gångbron i mitt sinnes öga. Om mitt sinne vandrade - vilket det gjorde - förde jag det tillbaka till det första steget och gick upp på gångbron igen.

Om det vandrade innan jag kom till toppen, så förde jag det tillbaka igen. Och jag tränade det som man tränar en häst. Sinnet är ett oroligt djur, så jag tränade det.

Och jag gick upp steg för steg. När jag kom till toppen, vände jag mig om och lade mina inbillade händer på räcket. Jag kunde känna doften av havet i luften. Jag tittade nostalgiskt tillbaka på den lilla ön Barbados... en blandad känsla. Jag är glad att jag seglar till Amerika och ledsen att jag lämnar denna mycket stora, underbara familj. Och sedan, i den stämningen, så slumrade jag bara en kort stund.

Nästa dag blev jag uppringd av företaget som sa "vi har ingen möjlighet att få dig härifrån förrän tidigast i september" och sa "det var en avbokning denna dag i Amerika" och de erbjöd den till mig, trots listan på över tusen personer som väntade. Det är inte mitt bekymmer varför hon eller han eller det avbokade sin resa. Min bön blev besvarad. Jag gjorde det jag var kallad att göra. För omvändelse är en radikal förändring av attityd.

De sa "Du kan inte komma ut".

Jag sa "Nåväl, jag är ute. Jag är på en båt och båten är på väg mot New York".

Det var allt jag ville göra. Så jag gjorde min plikt. Och den andra delen av omvändelse är en gåva från Gud. Så Gud har sätt att förverkliga det. Vad orsakade kvinnan eller mannen eller något att avboka? Jag fick senare höra att hon var rädd. Hon var rädd, av någon anledning som inte förklarades, att göra resan.

Och så öppnades en passage, och jag fick rummet. Eftersom det bara fanns två sängar i det, och min lilla flicka bara var tre år gammal - hon kunde sova med sin mor, och jag kunde klättra upp en trappa och sova på den övre våningen - och sedan ta mina elva dagar tillbaka till New York. Jag gjorde det jag var kallad att göra: mitt ansvar.

Att iscensätta en scen som skulle antyda uppfyllandet av min önskan och sedan överlämna mig helt till min Fader, för Han har makten att ge yttre form åt det. Jag vet inte hur man gör det på den här nivån. Jag har inte visdomen. Jag har ingenting på den här nivån för att göra det. Min tro är tro på min Fader. Tro på Hans makt att uttrycka det jag har gjort allt i fantasi.

Så för mig är det bön, det är omvändelse. Jag satte mig inte ner och kände för en sekund att jag hade gjort något fel, och det är därför jag inte kunde komma ut. Ingen omvändelse som "ånger" som världen lär. Det är inte omvändelse. Omvändelse är helt enkelt en radikal förändring av inställning - det är vad ordet betyder "Metanoia"[111] - men radikal, rätt ner till roten, och du ändrar din inställning. Om jag ändrar min inställning, kommer jag att ändra mitt medvetandetillstånd.

Och eftersom alla medvetandetillstånd blir externaliserade i världen, kommer det tillståndet att uttrycka sig själv i min värld, på ett sätt jag inte vet. För vi får veta: "Mina vägar är inte dina vägar. Mina vägar är oupphinneliga. Lita bara på mig."[112]

Så, utan tro kan du inte behaga Gud, vi får veta.

Om jag vill komma till Honom måste jag först tro att Han existerar, och att Han belönar dem som söker Honom. Ja, jag söker Honom genom att projicera det

---

[111] tinyurl.com/MetanoiaMeaning
[112] Jesaja 55:8 - biblehub.com/isaiah/55-8.htm

jag önskar i den här världen. Så det är det jag menar med "bön".

"Bön" är försöket till gemenskap med Gud. Det är vad bön är. Som det står i fjärde psalmen, fjärde versen: "Tala med ditt hjärta på din säng, och var sedan tyst."[113]

Tala med vem? Jag behöver inte någon prästs, rabbiners eller någon himmelsk varelses medling - jag talar med mig själv. Djupet av mitt eget väsen är Gud Fadern. Det är mitt grundläggande väsen, och det är ett med det yttre medvetandet som kallas Neville. I egenskap av sändaren kallad Neville är jag underordnad mig själv som sändare, men sändaren och den sända är ett. Du och Gud Fadern är ett. Men i egenskap av sändare är du som en ambassadör - du talar inte med samma auktoritet som den som skickade dig för att representera honom. Så jag representerar mig själv i dödens värld, men Sändaren är större än jag, och ändå är jag och Han ett.

Detta är vad jag får från skriften, och det här är vad jag tillämpar, och det här är vad jag försöker lära ut och berätta för alla som vill lyssna på mig. [...]"

---

[113] Psalm 4:4 - biblehub.com/psalms/4-4.htm

Kapitel 9.2 - Bönen - En betydelsefull föreställning uppfattad som sann

I slutändan är bön eller att be inget annat än en betydelsefull föreställning. Bön hjälper dig att vända dig bort från den yttre världen och in i ett öppet sinne för att bättre ta emot och antyda erkännande och tacksamhet för önskans uppfyllelse. Denna teknik kan främst användas för att hjälpa dig att upprätthålla ditt nyss skapade antagande, ditt nya medvetande-tillstånd.

Medan Neville inte hade några problem att manifestera sina synbarligen större önskningar med bönen, tog han ändå en kort tupplur efteråt för att föra över önskan från sitt medvetande till sitt undermedvetna sinne. Det var verkligen inte alltid så, men han visste att det alltid skulle ordna sig.

Min egen erfarenhet av detta är liknande. Det är lättare med sömn och svårare utan eftersom att manifestera med bara ditt medvetande kräver att ditt antagande accepteras mycket stadigt. Du behöver rätt medvetandetillstånd för det. Medvetandetillståndet att Gud ALLTID hör dig; att din imaginära handling är verklig och redan utförd!

Antagandet att din önskan redan har uppfyllts måste vara självklart. Det måste kännas som en säkerhet för dig.

De följande två exemplen kommer att visa dig hur du kan manifestera direkt med ditt medvetande i ditt vardagsliv.

Min mamma var tvungen att gå till myndigheterna, men eftersom hon hade skadat sitt vänstra ben några dagar innan, bad hon mig att skjutsa henne dit.

Det finns en parkeringsplats precis framför byggnaden, vilket skulle vara idealiskt för henne eftersom hon knappt kunde gå. Men denna parkeringsplats är mycket populär och vanligtvis full, särskilt vid den tidpunkt min mamma hade sin tid. Hon visste det och sa till mig: "Vi behöver inte ens försöka. Den är ändå full."

Men jag ignorerade detta antagande, drog tillbaka mina sinnen från omvärlden och föreställde mig att jag skulle parkera där och kände detta villkor som sann och given. Det var bara säkert för mig att jag skulle parkera där. När vi kom till parkeringsplatsen var den full. "Va?", tänkte jag, "Hur manifesteras detta nu?"

Så jag körde ut från platsen och samtidigt sa min mamma till mig: "Sväng höger, det finns fler parkeringsplatser där bakom." Men omedvetet hade jag redan svängt vänster, och för att svänga höger var jag tvungen att köra in på parkeringsplatsen igen. Ändå var alla platser upptagna.

Precis när jag svängde bilen kom en man runt hörnet, klev in i sin bil och körde ut från parkeringsplatsen. Med andra ord hade jag min parkeringsplats, och exakt där jag föreställt mig att den skulle vara sann.

En annan dag stod jag i kö vid kassan i en matbutik. Medan jag väntade i kön tänkte jag: "Kom igen, låt oss se vad som händer när jag behåller känslan av *Wow, det var galet!* under en viss tid."

Jag gjorde det i nästan en minut men glömde bort det när kön av människor rörde sig framåt. Framför mig var en pojke på cirka 14 år som betalade för sin müsli och bananjuice med sitt pantkvitto.

Tyvärr återstod 47 cent att betala och han hade inga pengar på sig. Han försökte hitta mer i sin ryggsäck men var tvungen att lämna tillbaka sin bananjuice. Vid det tillfället tänkte jag för mig själv: "Det är bara 47 cent!" Och jag sa till kassören: "Var snäll och lägg till 47 cent på mitt köp." Hon gick med på det och pojken tackade mig.

När kassören tog av mina saker från bandet märkte hon att jag bara höll i ett betalkort och frågade mig: "Har du inga kontanter på dig?"

Och jag svarade: "Nej, tyvärr, bara kortet."

Hon svarade då: "Det är lugnt."

Och jag frågade henne: "Betyder det att de måste täcka de 47 centen? Det var jag som gjorde erbjudandet. Jag kommer tillbaka senare och tar med de 47 centen."

Men hon svarade: "Nej! Det är lugnt. Kassan har alltid ett litet överskott ändå. Det är inget problem. Det händer ofta, men om jag berättar det för pojken kan han tro att han kan göra detta igen."

Vi skrattade kort om det och jag tackade henne. I det ögonblicket jag var tillbaka i bilen tänkte jag för mig själv: "Wow, det var galet."

I grunden är processen alltid densamma:

1. *Vi befinner oss i ett tillstånd som skapar en önskan.*
2. *Denna önskan kräver ett annat tillstånd (humör, antagande, attityd till livet).*
3. *Vi uppnår detta tillstånd med den manifesteringsteknik som passar oss.*
4. *Vi fortsätter envist att vara i detta nya tillstånd tills vi känner det som sant och givet, och det återspeglas därför på utsidan.*
5. *Vårt nyfunna tillstånd genererar nya önskningar som vi kan inkorporera.*

Det nyligen antagna tillståndet återspeglas i den yttre världen

Det nuvarande medvetandetillståndet

En önskan som uppstår från det nuvarande medvetandetillståndet

Att uppnå känslan av önskningens uppfyllelse med hjälp av manifestationsmetoden

Ständigt upprätthålla det nya tillståndet som sant och givet

Allt i livet handlar om att stilla hunger - hunger efter våra behov och hunger efter tillväxt. Det är vad som håller spelet igång. Samtidigt är detta vår största lycka, för utan önskan att uppleva oss själva, skulle vi inte kunna uppfylla våra önskningar och leva det liv som vi drömmer om. Allt är en ömsesidig cykel av existens. Och båda sidor vinner, för de är en del av ett och samma mynt.

Kapitel 10 - Rätta till dina livshändelser med revisionsmetoden

Revisionsmetoden är en teknik som tillåter oss att styra livshändelser som har potential att upprepa sig om och om igen i våra liv, och leda dem in på den bana vi önskar. Med denna teknik kan vi i princip ändra det förflutna, även om "förflutet" inte är rätt term. Jag ska förklara närmare:

Som vi har lärt oss inom vetenskapliga och andliga aspekter är vi mångdimensionella varelser. Det innebär att alla möjliga verkligheter, rum-tidsdimensioner, redan existerar i nuet. Vi skapar inte en framtid eller en verklighet i den bemärkelsen, eftersom allt redan existerar. Hela skapelsen är perfekt och komplementär i sig själv.

Vi ändrar snarare vår subjektiva verklighet genom vår perception och flyttar oss därmed in i den verklighet som existerar parallellt med oss och som motsvarar vår tolkning, vår vibration. Det vi gör är att vi stämmer in på dessa existerande rum-tidsdimensioner; vi accepterar samma tolkning med vårt medvetandetillstånd.

Allt vi kan föreställa oss kan vi uppnå, eftersom det redan existerar.

Hela skapelsen och därmed din existens äger alltid och enbart rum i nuet. Förflutet och framtiden MÅSTE vandra genom porten av nuet, genom denna stund. Följaktligen är den enda anledningen till att vårt förflutna fortfarande existerar att *vi bär det med oss in i nuet.*

Revisionsmetoden kan skriva om dessa förflutna händelser på ett sådant sätt att vi bär denna omskrivna verklighet som sanning inom oss och denna sanning kommer sedan att återspeglas på utsidan.

Det finns rapporter om denna teknik som låter nästan otroliga, men som ändå har hänt precis som beskrivs i följande avsnitt.

Kapitel 10.1 - Elmer O. Lockers framgång med revisionsmetoden

Elmer O. Lockers dotter (Davids mor) var med om en olycka, och detta kunde ha förändrat hennes liv i oönskade riktningar. Men genom att tillämpa revisionsmetoden och lagen om antagandet kunde denna framtid revideras. Följande rapport berättar vad som hände:

Elmer O. Lockers framgångsrika tillämpning av revisionsmetoden [berättad av David]

"Jag [David] ska dela med mig av en sann historia, genom att använda lagen om antagandet, som faktiskt träder i kraft bara några timmar efter användning.

Detta är en historia som min morfar delade med mig för många år sedan, men idag vill jag dela den med er. Detta är en historia om hur min mamma skadade sin fot. Hon sprang ner för trapporna i full fart och jagade en boll. Längst ner vid trapporna stod en burk majonnäs. Min mamma steg på den, burken gick sönder och en bit glas sköt upp genom mitten av hennes fot och skar av den, till den punkt där alla ligament i hennes fot slets av.

Vid tidpunkten då olyckan inträffade var min morfar på sitt kontor och hörde min mammas gråt och skrik på grund av smärtan. Han sprang ner för trapporna, hittade henne och försökte stoppa blödningen. De skyndade henne till sjukhuset i hopp om att rädda hennes fot. Läkarna sydde och knöt samman såren, men de berättade för min morfar att på grund av den

221

allvarliga skadan på senorna fanns det absolut ingen chans att min mamma skulle kunna gå normalt på den foten någonsin igen.

Min morfar brydde sig inte alls om vad de sa, eftersom han vid den tiden gick och såg Neville två gånger i veckan. Han gick till baksidan av Wilshire Ebell Theater, och det var tiden då han hade sina egna Arthur Murray Dance Studios. Detta var på sin höjd. Han studerade medvetandet och visste exakt hur allt fungerade och var mycket nära Neville Goddard. Han visste att med fantasi kunde allt göras, fixas eller repareras, och att du kunde göra och uppnå allt du vill, eftersom det var något han upplevde mycket i sitt liv vid den tiden.

Så, han brydde sig inte om vad läkarna sa, utan han gick till ett bönekapell som låg ungefär en kilometer ner längs vägen från sjukhuset. Där visualiserade han. Han berättade inte för mig att han gick till en kyrka, men jag fick senare reda på det från min mormor. Min morfar gick in i detta bönekapell och sökte efter en tyst plats där han kunde visualisera. Sedan visualiserade han en scen med honom och min mamma i en park. Min mamma var ungefär fem år vid den här tiden, och han visualiserade henne ungefär samma ålder, men hoppade upp och ner. Han berättade för mig att han skapade en scen och gjorde detta i cirka en timme i sträck i detta bönekapell. Han visualiserade min mamma göra alla dessa aktiviteter som antydde att hennes fot fungerade bra: hoppa upp och ner, hoppa hopprep, springa, jogga, göra bakåtvolt, vad som helst. Han gick igenom en serie olika aktiviteter som antydde att min mamma hade en fullt fungerande fot och att denna händelse ägde rum senare, i framtiden.

Han skapade det i framtiden, cirka tre månader framåt i tiden. Han gjorde detta i en timme och åkte sedan tillbaka till sjukhuset och det mest fantastiska hände. När han återvände till sjukhuset för att stämma av situationen med min mamma igen, efter att ha använt lagen om antagandet, hade läkaren som hade opererat henne ersatts av en annan läkare. Och denna läkare kom fram och talade med honom och sa: 'Om hon bär den här gipsskenan - det fanns en gipsskena som hon behövde bära i några månader - kommer hon att kunna gå igen. Och det finns ingen tvekan om att hon måste bära den här under detta antal månader.'

Denne läkare sa att hon skulle kunna gå igen och att hennes fot skulle återhämta sig helt!

Än idag går min mamma väldigt bra. Hon återhämtade sig helt när de tog av gipsskenan några månader senare. Hon gick helt normalt igen. Hon hade aldrig några problem med sin fot igen.

Min morfar skapade inte eller ändrade en scen, och han ändrade inte heller vad läkaren sa till honom. Han närmar sig inte problemet direkt. Han närmar sig det *indirekt* genom att främja en händelse som skulle antyda att hon kan gå och ha en återhämtad fot, som att se henne hoppa upp och ner. Detta är ett viktigt ämne. Jag tror att det här är en mycket kraftfull teknik eftersom du närmar dig det indirekt utan att skapa spänning. Du skapar mer lättnad.

Så när han tittade framåt skapade han mer av en naturlig händelse som ägde rum eftersom han såg henne hoppa upp och ner. Det är en naturlig sak att göra på parken. Han gjorde något som var naturligt för honom; inte förändrade vad läkarna sa eller något direkt om incidenten själv; endast tittade på henne hoppa upp och ner och antydde att hennes fot var helt bra och sedan präglade det djupt in i det undermedvetna.

När han var i kyrkan hamnade han i ett djupt sömnliknande tillstånd; det här tillståndet som ligger mellan medvetande och omedvetande – det undermedvetna. Han somnade inte helt, vilket inte är nödvändigt.

Om du har tillräckligt med övning kan du göra detta när du vill. Faktum är att jag har gjort det så många gånger att det fungerar för mig. Jag kan göra det stående; jag kan komma in i det här drömska tillståndet mitt på dagen och känna hur mitt rationella sinne helt kopplar bort.

I själva verket kan alla komma in i detta tillstånd. Min morfar hamnade i det här tillståndet och tittade på min mamma hoppa upp och ner, något som antydde att hennes fot var frisk, att hon var helt återställd.

Fråga dig själv, vad skulle du göra just nu om du hade 30 miljoner dollar? Gå inte direkt på det. Titta framåt. Hitta något indirekt, något som antyder att du har 30 miljoner dollar eller att du har mer pengar än du kan spendera. Sätt inte ens ett nummer på det. Bara säg, *'Jag är så lättad nu när jag har mer pengar än jag någonsin kan spendera.'* Men undvik att sätta ett nummer på det.

Ibland kan ett nummer begränsa dig. Om du använder affirmationer, sätt inte ett nummer på det. Säg bara: *'Jag är så lättad nu. Jag har den känslan av lättnad över att ha mer pengar än jag någonsin kan spendera.'*

Säg det till dig själv istället för att använda ett nummer. Gå på det indirekt, som i vad du skulle göra i denna situation; något mycket kraftfullt, något som skulle antyda till 100 procent att ditt önskemål har uppfyllts, som det som hände med min mamma. Hon hoppade upp och ner. Läkarna hade just sagt till honom att hon aldrig skulle kunna gå igen. Så han visualiserade henne hoppa upp och ner, göra bakåtvolt, göra allt det där, hoppa av gungställningen på parken.

Han gick tillbaka och en ny läkare berättade för honom att om hon bar gipset i några månader skulle hon kunna gå och allt skulle vara bra. Det finns inga tillfälligheter. För mig är detta vad som hände på grund av hans visualisering i kyrkan. Det är vad han gjorde, och det är exakt vad som fungerar. Det kan fungera för alla som praktiserar detta.

Jag ville dela denna historia på grund av den indirekta metoden. Han kunde ha ändrat vad läkaren sa, men han närmade sig det indirekt. Han kunde ha visualiserat att läkaren sa: *'Om hon bär det här gipset i tre månader, så kommer hon att vara bra.'* Men han gjorde inte det. När han tittade på min mor och visualiserade henne hoppa upp och ner med sin fot som var helt bra, så orsakade det en förändring i världen. Det fick honom att överföra till en annan parallell verklighet där hennes fot skulle vara bra. Det kom en ny läkare från någonstans.

Något magiskt måste ha hänt för att det skulle ske. Att se henne hoppa upp och ner antydde det. Och det är därför allt detta andra hände. Han överfördes till en annan parallell verklighet. Och du kan göra detta med vad som helst, oavsett om det handlar om relationer, en ny fysik, en viss summa pengar, att vara rik, välbärgad, bekväm, lycklig, tacksam. Vad som helst du vill använda detta för, tänk på det. Tänk på detta, meditera på detta."[114]

———

Vi kan uppnå allt och befria oss från allt. *Allting är möjligt.* Alla möjligheter, alla rum-tidsdimensioner existerar samtidigt i nuet. Vi har fått rättigheten och gåvan av Gud att fullständigt frälsa oss själva! Genom våra antaganden som känns som sanna och givna.

Det finns varken förfluten tid eller framtid, bara nuet. Det är därför det är möjligt att påverka vår yttre värld så pass mycket att det verkar som om vi skulle förändra vårt förflutna eller vår framtid. Ändå förändrar vi bara oss själva, vår inre värld och därmed vår reflektion på utsidan!

---

[114] tinyurl.com/RevisionTechnique

Kapitel 10.2 - Nevilles föreläsning - Revisionsmetodens sekatör

Vid det här tillfället vill jag presentera en av de viktigaste och mest kända föreläsningarna om Revisionsmetoden av Neville Goddard från 1954: *Revisionsmetodens sekatör.*

———

"Den här morgonens ämne är 'Revisionsmetodens sekatör.' Jag tror fast att om du klokt och dagligen använder revisionsmetodens sekatör kommer du att finna att det inte finns något mål bortom din förmåga att förverkliga. Och jag menar det allvarligt, inget mål bortom din förmåga att förverkliga.

När jag var en pojke på sju år sa en kvinna till mig: "Jag har haft en vision om dig. Jag ska nu göra det mycket, mycket tydligt för dig - jag vet inte vad det är du kommer att göra, men jag har sett att du kommer att göra något som människan inte kommer att ångra genom århundradena efter att du har gått bort. Jag kan se det och genom århundradena kommer du att växa i anseende långt efter att du har gått bort. Och sedan kommer tre män att nämnas under hundratals år framöver och du kommer att vara en av de tre när något diskuteras som gjordes för människan."

Jag känner att den här morgonens ämne skulle kunna vara det, att om jag aldrig sa ett annat ord, och du hörde det och trodde på det, och verkligen använde det, skulle detta vara planteringen som skulle sprida sig från oss här som i morgon inte kan ångras. För det är magi, den här revisionsmetodens sekatör. Det

227

handlar inte bara om att uppnå mål, men om du gör det dagligen, kommer det att väcka i dig Jesu ande, som är en fortsatt förlåtelse av synd.

I denna undervisning bör syndaren alltid bli fri; du kommer aldrig att döma honom, för när anden är vaken i dig, kommer du att inse att det inte finns någon fördömelse i honom, bara förlåtelse, och förlåtelse är inte som människan i världen tänker när han utesluter det faktiska utförandet av sin hämnd. Vad vi menar med förlåtelse är att identifiera den andre som vi skulle förlåta med det ideal som den andra vill gestalta i världen. Och så gör vi med honom vad vi förväntar oss eller skulle vilja att världen gör med oss. Så, vad jag själv skulle vilja gestalta, det är den vision jag måste ha av varje man som jag möter i min värld; att ingen man ska förkastas, varje man ska bli frälst, och mitt liv är processen genom vilken den frälsningen förs fram. Och jag gör det genom att helt enkelt identifiera den andre med det ideal jag vill se uttryckas i min värld.

Nu ska vi gå tillbaka till Andra Mosebok kapitel 2. Det står: "Herren Gud tog mannen och satte honom i Edens lustgård för att odla och bevara den."[115] När du läser historien tror du att det hände tusentals år sedan. Jag har kommit för att berätta för dig att det är nu. Du är nu i Edens lustgård och du tror att du är utestängd eller förvisad. Men du är i den, och trädgården är ditt sinne, men du behöver - som varje trädgårdsmästare - en sekatör. För du har sovit, som det står i det andra kapitlet; när du sovit, har ogräs dykt upp i

---

[115] 1 Moseboken 2:15 - biblehub.com/genesis/2-15.htm

trädgården och ogräset avslöjas genom livets förhållanden och omständigheter. För din trädgård projicerar sig alltid på rymdens skärm, och du kan se genom att noggrant titta på din värld vad du tillåter att växa i Guds trädgård.

Men du har ett uppdrag, du har ett syfte, det är inte att samla på en förmögenhet - du kan göra det om du vill - det är inte att vara berömd, det är inte att vara någon mäktig kraft, utan helt enkelt att vårda Guds trädgård. Det är ditt syfte. Du placeras i trädgården för att vårda och bevara den, så att endast vackra saker växer i Guds trädgård.

Nu är varje människa i världen rotad i dig som tittar ut och ser den världen. Varje människa är rotad i mig; han slutar i mig eftersom jag är rotad och slutar i Gud. Eftersom han är rotad i mig kan han inte bära annat än naturen som roten tillåter. Så han är i mig, och några önskade förändringar i den yttre världen kan endast åstadkommas om jag ändrar källan till det jag ser växa i min värld.

"Ser du åkrarna där borta? Bli inte överraskad när du ser sesam: Sesam var sesam, majs var majs. Tystnaden och mörkret visste det! Så föds en människas öde."[116]

Så döm det inte eftersom du är källan till det du beskådar. Vänd dig nu inåt och beskär det genom att använda dessa beskärningssaxar av revision.

---

[116] Sir Edwin Arnold - The Light of Asia
tinyurl.com/LightAsia

Så här gör vi det. I slutet av min dag granskar jag dagen; jag dömer den inte, jag granskar den bara. Jag går igenom hela dagen, alla händelser, alla samtal, alla möten och sedan, när jag ser det tydligt i mitt sinnes öga, skriver jag om det. Jag skriver om det och gör det till den ideala dagen jag önskar att jag hade upplevt.

Jag tar scen efter scen och skriver om det, reviderar det och efter att ha reviderat min dag, lever jag om den i min fantasi, den reviderade dagen. Jag gör det om och om igen i min fantasi tills detta till synes inbillade tillstånd börjar ta på mig tonerna av verklighet. Det verkar som att det är verkligt, att jag verkligen upplevde det och jag har funnit från erfarenhet att dessa reviderade dagar, om de verkligen levs, kommer att förändra mina imorgon. När jag möter människor imorgon som gör mig besvikna idag, så kommer de inte att göra det för jag har förändrat den personens väsen, och när jag har förändrat honom så vittnar han imorgon om förändringen som ägde rum inom mig. Det är min plikt att ta den här trädgården och verkligen göra den till en trädgård genom att dagligen använda de beskärningsverktygen för revidering.

Jag vet från erfarenhet att det inte bara kommer att leda till dessa mål och förändringar, utan den underbara saken är att den väcker i dig, genom att använda det, Jesu ande, och du finner dig själv inte bara rättfärdigande utan förlåtande och inser att frihet och förlåtelse är oupplösligt sammanlänkade. Du kan inte vara fri och inte förlåta, för den du skulle binda och döma och fördöma ankare dig genom ditt eget domslut om honom - för han är i dig. Och så genom att identifiera honom med det ideal du verkligen vill förverkliga, befriar du dig själv. Du får höra *"Förlåt och ni ska bli förlåtna. Förlåt inte och ni ska inte bli förlåtna."*[117] Det är automatiskt; det kan inte vara på något annat sätt eftersom allt kommer från dig som betraktar det. Och när du börjar öva på det väcks anden inom dig och du vet att du är han som andra talade om och trodde levde för 2000 år sedan.

Så när du inser det, inser du det genom faktisk kunskap, du vet det; ingen argumentation, du berättar inte för andra, du vet att du är han.

Och sedan kommer du att läsa orden i nionde kapitlet i Hebreerbrevet: *"Nu kom han vid tidsåldrarnas slut för att en gång för alla offra sig själv och därmed utplåna synden."*[118] Och du kommer att veta att du är den som tar bort synden genom offrandet av dig själv, och genom offrandet av dig själv, menar jag inte att vara modig och kasta sig in i elden för att skydda en bror, det betyder inte att man ger sin kropp att brännas, att man spikas på ett kors, utan människans själv är summan av allt det som han tror och samtycker till som sant. Så det är det jaget som offras.

Jag hörde talas om den här kvinnan; hon skulle vara en underbar hustru till någon man, och ändå var hon ogift. Hon önskade att vara följeslagare till en stor ädel person, men hon var ogift. Och detta blev en del av mig själv, det är min kunskap; jag måste offra den själv, så att den aspekten av mitt väsen kan vara lika

---

[117] Markusevangeliet 11:25 - biblehub.com/mark/11-25.htm

[118] Hebreerbrevet 9:26 - biblehub.com/hebrews/9-26.htm

lycklig som jag och de i min värld är. För det är det jaget jag måste offra och ta bort synden, för att synda för mystikern betyder att missa målet; det betyder inte överträdelse av vissa regler, om du inte naturligtvis har ett mål och överträdelsen misslyckades, men att synda för mystikern är helt enkelt att ha ett mål i livet och misslyckas med att uppnå det. Så när du missar målet, har du syndat; så han uppenbarade sig för att ta bort synden genom offret av sig själv, och med vetskapen om att själv är allt som han samtycker till, allt som han accepterar, allt som han tror vara sant, vad tror jag då om den personen - att han är arbetslös och inte kan hitta ett jobb? Jag tror det. Nu tar jag bort den synden där han missar sitt mål, och genom att ta bort synden gör jag det bara genom offrandet av mig själv och mig själv är den tron, så nu reviderar jag.

Jag kan inte säga att jag inte längre tror att han är arbetslös: jag tror att han är anställd. Jag gör det med hjälp av sekatören för revidering. Jag föreställer mig honom framför mitt inre öga och gratulerar honom till hans tur eftersom han nu är anställd. Jag tillåter honom att ta emot mina gratulationer eftersom jag inte ser en arbetslös man, jag ser honom anställd och han vet att han är i mitt inre öga eftersom jag har beskurit honom från arbetslöshet och återigen format grenen som växer i Guds trädgård. Imorgon kommer människor att se honom på ett sätt som de inte hade kunnat se honom innan den beskärning som ägde rum inom mig, och han kommer att vara anställd. Den där personen är sjuk; du beskär den grenen.

Du accepterar inte något i världen som slutgiltigt, om det inte överensstämmer med det ideal du vill förverkliga i världen. Men du gör det dagligen; om du inte beskär det dagligen, kommer du att vänja dig vid det och då kommer ogräset att växa. Varje man som verkligen är en trädgårdsmästare och kallar sig en trädgårdsmästare i Guds trädgård, för varje dag är en möjlighet att verkligen beskära trädet, detta underbara träd. Så varje person du möter är en gren rotad i den vinstock du är, och du är det speciella trädet i Guds trädgård, ett träd som bär liv, ett träd som bär frukt för mat till folket. Du är den där.

Om du tar mig på allvar idag, låt inte solen gå ner på någon irritation från dagen ikväll. Titta bara på det, förneka det inte, undvik det inte, titta på det så att du kan beskära det och sedan omforma det. Ta samtal med dina vänner idag, var de trevliga, var de argumenterande, oavsett vad det var, var de negativa?

Sedan skriver du om manuset och föreställer dig att konversationen har ägt rum för första gången. Och den kommer att äga rum, för allt i din värld som du ser, även om det verkar vara utanför dig, finns inom dig, i din fantasi. Och den här underbara fantasin är Kristus Jesus. Fantasi är den faktiska boningen för varje skapelse. Oavsett vad du ser i världen, kommer det från din fantasi. Så det är dit du går, det är verkstaden, trädgården i Gud.

Och nu har du en uppgift, ett syfte i livet; det är ett ädelt syfte, eftersom du har valts att bli huvudträdgårdsmästaren i Guds trädgård, och i trädgården måste du ha en sekatör, och sekatör betyder revidering. Du reviderar helt enkelt, och när du reviderar dagen upphäver du den, för dagen glider inte in i det förflutna, den drar sig inte tillbaka som människor tror, den rör sig alltid framåt in i framtiden för att konfrontera dig, antingen beskuren eller i något konstigt ogräsliknande tillstånd. Så det är helt upp till oss - jag hoppas att varje man och kvinna här idag tar mig på allvar och börjar denna dag att beskära din trädgård, beskära ditt sinne.

Jag vet att innan jag lämnar den här staden om två veckor kommer du att kunna berätta för mig om de nya sakerna som växer i din värld eller som växer från det beskurna trädet som är din egen härliga fantasi. Prova det: då kommer du att förstå vad Blake menade när han sa: *"I himlen är den enda konsten att leva att glömma och förlåta."*[119] Den enda konsten att leva är fullständig glömska genom att ersätta något, inget vakuum.

Så när du läser dessa konstiga historier i dagstidningarna ignorerar du dem bara. De betyder ingenting. Män som kallar sig själva ledare, herdar av flocken, de bannlyser inte bara en religion, alla religioner, ledarna tar det på sig att bannlysa, utan att förstå att ingenting ska kasseras, inte en sak i världen kan du kassera för det är för evigt, men det kan beskäras och formas till den idealiska bilden.

Mannen som inte vill revidera sin dag vet antingen inte om det eller så har han förlorat visionen av det liv som det är det sanna arbetet i Jesu ande att

---

[119] William Blake - The Emanation of the Giant Albion/Plate 81
tinyurl.com/EmanationGiant

omvandla detta liv till en liknelse av det. Så du kasserar dem inte.

I den aktuella utgåvan av Time Magazine finns den ädla själen som vi känner till som Spinoza, Baruch de Spinoza, som har gett så mycket till filosofins värld, så mycket som alla har berikats av för att han vandrade på jorden. Och här, 300 år senare, har Israels före detta premiärminister Ben-Gurion bett de ledande rabbinerna idag att upphäva det förbud från 300 år sedan, men de säger till den ädla själen idag att de inte kan upphäva deras förfäders verk, att förbannelsen förblir för evigt. Du borde läsa den löjliga, löjliga förbannelsen som är tryckt i den aktuella utgåvan av Time Magazine. De kallar på alla änglar för att förbanna honom, som om änglar skulle förbanna; de kallar på allt för att förstöra honom, du kunde inte gå inom fyra kubik av mannens skugga; ingen ska prata med honom, ingen ska visa honom vänlighet, ingen ska skriva till honom och aldrig läsa något han någonsin har att säga; och det var 300 år sedan.

De rabbier som förbannade honom har länge fallit i glömska och om de lever, lever de bara av anledning av sin förbannelse. Och ingen vet verkligen vem de är, men man kan inte glömma om man läser i denna värld Spinozas verk. Alla i publiken har möjligen använt någon av hans fraser; Visste du att det var han som sa "naturen avskyr ett vakuum"? Nu använder du det; jag använder det, men vad är källan till det? Det var Spinoza. För här var denna jätte av ett sinne som efter 300 år små sinnen som tror att de leder flocken; de kallar sig herdar. De borde gå tillbaka och läsa Jeremias bok, *"Ni herdar som förstör mina vingårdar och ni som har kommit in i min trädgård och tagit mina vinrankor, nu bär det inte druva och det bär inga löv, och Jerusalemsträdgården har nu blivit ett ogräs."*[120] Läs det i Jeremia, hur han ropar ut eftersom herdar, som kallar sig herdar, är blinda ledare av de blinda.

Ta mig på mitt ord den här morgonen; du är mig ingenting skyldig, det kostar dig ingenting att komma hit den här morgonen, du kommer, du ger mig din tid och jag ger dig min tid, men du går ut och försöker det och börjar den här dagen med att beskära din underbara fantasi.

Känner du någon som är ond? Sluta veta det genom att föreställa honom framför ditt inre öga och ha den mest underbara konversationen i världen med honom, med en öm ande, en kärleksfull ande, och tro på verkligheten av denna gemenskap, eftersom om du verkligen gör det, går du in i himmelriket, för du går in i himlen genom en kärleksfull, avsiktlig gemenskap med en vän.

Så gör honom till en vän, om han är en älskvärd person, oavsett vad han är. Du kan beskära honom och genom att beskära honom utför du det arbete du sändes för att utföra för människan - och du är den människan - du är placerad i Edens trädgård idag för att vårda och bevara den. Låt den inte fortsätta att växa ogräs i din värld. Du är ansvarig för varje varelse du möter i denna värld; det är ditt ansvar.

---

[120] Jeremia 12:10-11 - biblehub.com/jeremiah/12-10.htm

Precis som läraren vi berättade om som tog den här lilla flickan som var på väg att bli utvisad; nej, flickan utvisas inte för hon hörde det du hör nu denna morgon. Så hon tog fram flickan i sitt sinnes öga som rektorn, psykiatern och hela fakulteten hade enhälligt beslutat att utvisa på hennes sextonde födelsedag, eftersom hon var oförskämd, hon var grym, hon var oetisk; och hon gick hem på en söndagskväll och tog fram barnet i sitt sinnes öga och kommunicerade med henne och såg i henne ett ömtåligt barn, ett omtänksamt barn, ett kärleksfullt barn.

Nästa dag, på måndag, uttryckte hon all vänlighet av den revisionen från kvällen innan i klassen, och tio dagar senare när det sågs och bevittnades av hela fakulteten och psykiatern, kallades till ett annat möte, och de upphävde sitt beslut från tio dagar tidigare och flickan blev inte utvisad. Hon sitter fortfarande i George Washington High School i New York, som anses vara en utmärkt skola; och där är hon, utan svarta märken mot henne, för en lärare satt i publiken, som ni är här, och hon trodde, vad jag hoppas att alla här kommer att tro, och hon befriade en gren av sitt eget träd. Hon insåg inte att barnet var hon själv. Hon såg fram till den stunden alla barn hon undervisade i ren objektivitet.

En blind man ser världen objektivt för sig själv, något fristående från sig själv. När människan börjar vakna ser han allt subjektivt relaterat; allt han möter är en del av honom själv, och vad han inte förstår för tillfället, vet han ändå att det är relaterat till en obesvarad kraft i hans eget väsen. Så han kastar inte bort det, han vet att hans liv är processen genom vilken han ska befria det och han befriar det genom att använda revisionsmetodens sekatör.

Så jag känner att om efter dessa 50 år av att vandra på jorden, om det är det som den där damen såg när jag bara var sju, kan jag verkligen sluta ögat på tre dimensioner när som helst och veta att du inte kommer att motbevisa det: du kanske aldrig kommer att använda dem, men du kommer aldrig att motbevisa denna konst av revision. Och vilken man som helst som försöker det kommer att bevisa det för sig själv att han kan stiga över mänsklighetens vildaste drömmar, och när han stiger upp väcker han förlåtelsens ande.

Han kommer att stiga upp i de tidiga stadierna i det lyckade äventyret; han kommer att öka sin inkomst, han kommer att göra alla dessa saker, men han kommer att inse efter en stund att det inte var syftet. De var bara leksaker för att kittla honom, leksaker för att roa honom tills han vaknade inom sig Jesu ande; då ser han en helt annan mission, inte att samla rikedomar utan att befria samhället, att befria varje människa i världen. Han kommer för att göra sin Faders vilja och vi får höra i Johannesevangeliets sjätte kapitel: *"Detta är min Faders vilja, att av allt som han har gett mig ska jag förlora inget, utan att jag ska lyfta upp det igen."*[121]

Förlora ingenting - nej, du bannlyser inte, du suddar inte ut, du höjer bara upp det igen och när du höjer upp det, höjer du upp dig själv och resan är för evigt.

---

[121] Johannes 6:39 - biblehub.com/john/6-39.htm

Du rör dig uppåt längs en oändlig vertikal linje i din egen underbara fantasi, och du rör dig bara uppåt genom att lyfta upp andra. Blinda människor tror att de kan rädda sig själva och därför tror de att de kan rädda sig själva och kasta bort resten. Den blinde mannen sa också detta för hundratals år sedan. *"Andra har han hjälpt. Sig själv kan han inte hjälpa."*[122]

Men jag säger dig: att det är ett falskt påstående; det lades i munnen på farisén, lades i munnen på Sanhedrin, ledarna som trodde att de var ledare, men jag ska berätta för dig att en man räddar sig själv genom, och endast genom att rädda sin medmänniska. Det finns inget annat sätt att rädda sig själv, än genom att rädda det verkliga jaget och varje människa är rotad i dig som iakttar människor. Och så kasta inte bort, höj upp dem, beskär trädet och bli den verkliga trädgårdsmästaren i Guds trädgård.

Ta vad som helst; du har ett barn idag: vi tog alla begäranden i morse, det fanns dussintals och dussintals begäranden i morse. Alla måste besvaras, inget får kastas bort; säg inte att något är omöjligt, det finns ingenting som är omöjligt för din fantasi och din fantasi är Kristus Jesus. Med Honom är allt möjligt. Använd Honom, rör Honom, väck Honom från Hans sömn; Han har sovit genom århundradena: eftersom Han har sovit, har Han drömt fram alla dessa konstiga, missformade tillstånd. För världen vittnar bara om användningen eller missbruket av fantasin.

---

[122] Matteusevangeliet 27:42 - biblehub.com/matthew/27-42.htm

Så som det sägs, är han det enda i världen. Vad är han det enda i världen? Din fantasi, för det är bostaden för varje skapad sak och genom den görs alla saker, och utan den görs ingenting som är gjort. Så använd den klokt, använd den kärleksfullt och varje gång du använder din fantasi kärleksfullt för någon annan medlar du bokstavligen Gud till människan. Fantasi är världens räddande kraft, och du medlar Gud till människan genom att använda den på ett kärleksfullt, underbart sätt."

———

Han som förlorar sig själv i omvärlden sover djupt!
Han som hittar sig själv på insidan är vaken!

Det som Neville vill visa oss med sin föreläsning är ganska enkelt: Vårt inre väsen, våra antaganden, vår fantasi har förmågan att forma vårt eget liv och livet för våra medmänniskor på ett underbart och högstämt sätt - om vi vet hur man använder de förmågor och krafter som finns inom oss med vårt hjärta och sinne.

Vi är alla sammankopplade på en andlig, subtil nivå. Vi är alla sammanflätade med varandra. Vi är alla ett enda väsen. En själ, en kropp! Vi har gåvan och makten att vårda alla idéer och antaganden som finns inom oss; att odla och skydda dem, oavsett om de påverkar andra eller oss själva. Detta får vår värld att lysa som en plats där alla kan hitta den lycka som de söker. Att förlåta är att glömma. Dra nytta av den här möjligheten.

Revisionsmetoden bör användas varje dag. Å ena sidan tränar det oss att föreställa oss och känna in det önskade tillståndet. Å andra sidan bryter vi igenom all tro, alla repetitiva livshändelser, eftersom vi reviderar upp- och nedgångar i dessa cykler. Vi skriver automatiskt om alla medvetna och omedvetna mönster och oönskade övertygelser. På så sätt bär vi med oss goda minnen som sedan kommer att speglas i omvärlden.

Den fråga vi bör ställa oss själva när vi använder Revisionsmetoden, eller i livet generellt, är:

Hur vill du att människor ska behandla dig?

Du vill inte bli avvisad. Du vill uppleva kärlek, tillgivenhet och uppmärksamhet. Allt du upplever på utsidan är ett uttryck av dig själv, ditt medvetandetillstånd. Allt som finns på utsidan är ett uttryck av Gud. Var och en av oss är Gud, så även du! Därför, fråga dig själv varje gång du tänker på någon:

Hur vill du bli behandlad?

Låt den yttre världen förbli utanför, reagera inte på den. Den har ingen relevans! Det är aldrig orsaken, det visar bara *effekten*, som vi själva har skapat genom vårt medvetandetillstånd eller antagande. Det enda som har relevans är vår inre värld.

Odla din inre trädgård. Sköt om den och ta hand om den.

Kapitel 11 - Berika din inre värld med information från din yttre värld

U nder loppet av denna bok har vi behandlat några mycket viktiga ämnen. Du har lärt dig att ditt medvetandetillstånd är summan av allt du *tror*, tror dig *veta*, är *övertygad om* och därmed *tänker* och *känner*. Du har lärt dig att dina känslor är ansvariga för dina manifestationer; att din inre värld är sammansatt av ditt medvetna och undermedvetna; att sömn eller ett sömnliknande tillstånd är porten till det undermedvetna; att det undermedvetna är ansluten till möjligheternas hav; och hur viktigt det är att mata ditt medvetna sinne med positiva antaganden och de känslor som uppstår från dem - så att när det medvetna och undermedvetna förenas, producerar vi positiva avkommor, positiva manifestationer i vår yttre värld.

Här kommer följande rekommendation in. Vi kommer nu att gå in på *kvaliteten på Guds medvetande*, eller för att vara mer exakt, kvaliteten på informationen som vi kan hitta i vår yttre värld. Med detta kan vi öka vår medvetenhet om vårt medvetna intag och därmed berika vår inre värld.

Vi har lärt oss i denna bok att kvaliteten på Gud helt beror på vår tolkning, det vill säga vårt medvetandetillstånd. Yttre information i sig spelar ingen roll. Vi kan helt omskriva all information (I^1) med vår tolkning (I^2) och motsvarande intensitet (I^3). Oavsett vad vi konsumerar från utsidan har vi full kontroll över dess effekt.

—

Ett exempel: Anta att du är på en ekologisk "kur" och att det därför är viktigt för dig att använda produkter med naturliga ingredienser. Nu är du hemma hos en vän och du går till toaletten och ser denna väldigt kemiska tvål vid handfatet. Vad gör du nu? Visst, du kan välja att inte använda tvålen. Men du kan också göra följande: Ta tvålen, tvätta händerna med den och uttryck oändlig tacksamhet till tvålen för att den existerar och att du kan tvätta händerna med tvål. Genom att göra det ändrar du den grundläggande informationen om tvålen och dess effekt på dig. Ingenting existerar utanför dig! Hela den stora världen är du själv tryckt utåt.

Du kan göra det med allt du stöter på i din yttre värld. Abdullah exemplifierade detta för Neville, men han var också en medvetenhetens mästare. Han tillät sig aldrig att bli bländad av den yttre världen. Han var fullt medveten om att hans medvetande hade fullständig kontroll över dess effekt i den yttre världen. Men eftersom varje individ behöver mer eller mindre tid tills de når ett liknande medvetandetillstånd, vill jag dela med mig av några rekommendationer för den information som finns i den yttre världen och vars kvalitet vi kan använda för vår inre värld. Följande lista inkluderar saker som vi kan uppleva i den yttre världen och som fyller vårt medvetande, vårt inre väsen med positiva känslor. Detta är varför jag kallar denna lista för *Jag-är-glad-listan*. Allt har sin motsvarighet. Det som finns inom finns även utom. Det som finns utom finns även inom.

Kapitel 11.1 - Jag-är-glad-listan

1. Undvik att titta på nyheter.

Först och främst vill jag påpeka att du bör försöka konsumera mindre av det vi generellt definierar som nyheter. Frågan är, vem lyckas behålla ett positivt antagande inför alla dåliga nyheter från hela världen? Det spelar ingen roll om det är "mainstream" nyheter eller nyheter från alternativa källor. Dåliga nyheter har en negativ tolkning, och detta kan smitta av sig på oss och påverka våra antaganden och därmed våra känslor.

Mästerskapet ligger i att betrakta dessa meddelanden neutralt och skriva om dem med revisionsmetoden inom dig. Men tills detta fungerar tillförlitligt skulle jag rekommendera att helt enkelt konsumera mindre eller inga dåliga nyheter alls. För låt oss inse det, de flesta (dåliga) nyheter skulle aldrig påverka våra liv, men de gör det på en mental nivå, eftersom vi låter dem påverka våra antaganden, därmed vårt medvetandetillstånd.

2. Skratta oftare.

Vad kunde vara bättre än att skratta med hela hjärtat? Var och en av oss har en nära person, en komiker, en cabaretartist, en skådespelare, etc. som verkligen får oss att skratta och fyller vårt hjärta med lycka och glädje. Känslorna av lycka och glädje är kraftfulla och kommer också att ge oss fler ögonblick av lycka och glädje i omvärlden. Om du saknar sådana ögonblick i ditt liv rekommenderar jag att du försöker detta.

3. Spendera mer tid i naturen.

Underskatta inte effekterna av att tillbringa tid i naturen. Skogar, berg, floder etc. har en stark läkande effekt på våra liv. Det finns många goda skäl till varför så kallad skogsterapi används som en form av behandling. Skogsterapin kommer ursprungligen från Japan. Där kallas det *Shinrin Yoku*, vilket betyder 'att ta ett bad i skogens atmosfär'. Det handlar främst om att engagera sig med och uppleva skogen med alla sinnen. Du kan höra fåglarna, vinden i träden och floden som rinner genom stenarna. Du ser färgspelet och känner de eteriska dofterna, som innehåller hela skogens flora. Dessa saker ger oss känslor av avkoppling och lugnar våra sinnen, vilket ger oss mer klarhet och perspektiv. Så med andra ord, försök att tillbringa mer tid i naturen för att må bättre.

4. Kramas och mys med dina nära och kära.

Att vara fysiskt nära vänner eller partner är ett av de grundläggande mänskliga behoven. Bara en kram på cirka 10-20 sekunder skapar en känsla av djup emotionell närhet och väcker förtroende och trygghet. Det är önskvärda känslor att reflektera på utsidan. Samma sak gäller för mysa eller sex för ömsesidig djup kärlek och intimitet.

Därför, krama dina familjemedlemmar och vänner oftare och längre. Var nära med din romantiska partner. Kela med dina pälsklädda vänner för att visa dem kärlek och ömhet. Alternativt, låt dig masseras oftare.

5. Dansa, sjung eller spela musik.

Människor har alltid älskat att skapa musik, lyssna på det och röra sig till dess rytmer. Att sjunga skapar också starka känslor. Dessa konstnärliga uttryck är ett underbart sätt att öppna ditt hjärta och bara må bra och vara glad. Spela ett instrument, gå och dansa eller sjung med till dina favoritlåtar på högsta volym i ditt rum, i duschen eller var som helst annars.

6. Mata din kropp med en medveten, naturlig kost.

Abdullah kunde fylla sig själv med allt utan minsta antydan till lidande därefter. Vi kan göra precis samma sak, särskilt genom känslan av tacksamhet för den mat vi äter. Genom tacksamhet kan vi äta och dricka vad vi vill om vi höjer ursprungskvaliteten till en nivå som är bra för oss och inte skadar oss. Men eftersom de flesta människor kanske har svårt att uttrycka tacksamhet för allt de äter eller dricker, vill jag nämna en eller två saker om näring.

För det första, ändra inte dina matvanor tvångsmässigt. Detta hjälper inte, utan försämrar vanligtvis det underliggande problemet. Det är mycket troligt att ditt nuvarande medvetandetillstånd kommer att skapa någon form av motstånd, vilket sedan orsakar fysiskt motstånd eller obehag. Prova istället enkla grunder. Se till att ursprunget till din mat är så naturligt som möjligt, för naturlig mat har en högre kvalitet än processad mat. Se upp för stabiliseringsmedel eller andra tillsatser. Dessutom är inte all ekologisk mat av samma kvalitet. Vilda örter har också en mycket hög ursprungskvalitet. Deras information har en mycket positiv tolkning och en mycket hög intensitet av denna tolkning som snabbt påverkar ditt medvetandetillstånd.

För det andra, drick vatten! Vatten är livet! Om du föredrar smaksatt vatten är te eller fläderblomssirap ett bra val, liksom naturliga frukt- eller grönsaksjuicer. Undvik dock konstgjorda drycker med sötningsmedel och färgämnen.

Ju mer naturligt ursprunget, desto mer positiv information och energi tar vi in. Denna information påverkar också vårt tänkande och känsla. Det är inte av en slump som kroppen kallas sinnets tempel.

7. Rör på kroppen.

När vi ändå talar om sinnet som kroppens tempel: Rör på kroppen, helst tills du känner dig utmattad. Känslan av utmattning visar på vår uthållighet och lindrar både emotionell och fysisk stress samtidigt. Träningen i sig är inte relevant, bara gör något som du verkligen gillar, som jogging, träna på gym, klättra, vandra, dansa eller simma.

8. Läs böcker.

Att läsa facklitteratur kan nära ditt medvetande och öka din medvetenhet och kunskap om vissa ämnen. Skönlitterära böcker kan å andra sidan hjälpa dig att stärka din fantasi. Om du behöver lite inspiration om vilka böcker du ska välja, hittar du en bibliografi i slutet av den här boken.

Kapitel 11.2 - Allt har sina motsvarigheter

Din inre och yttre värld motsvarar varandra. För att tillämpa de tidigare tipsen på ett hållbart sätt behöver de därför vara i harmoni med ditt inre. Det rekommenderas därför att först öva på dem imaginärt, så med akten av manifestationen. Precis innan du går och lägger dig, föreställ dig att du promenerar i naturen oftare, äter hälsosammare eller läser en bra, positiv och hjälpsam bok och ta med dig dessa känslor in i sömnen. Annars kan det ha en negativ effekt om du övar på detta tvångsmässigt.

Om du känner inget motstånd mot rekommendationerna och accepterar dem, lovar jag att de kommer att ha en positiv påverkan på ditt medvetandetillstånd samt upprätthållandet av dina positiva antaganden och bara generellt på din inställning - tolkningen - av din yttre värld.

Orsaken ligger dock *alltid i vårt antagande*. Det är därför jag vill ge en praktisk sammanfattning av Neville Goddards viktigaste läror:

- För att uppfylla din önskan måste du omfamna den *känsla* du skulle ha om ditt önskemål redan hade uppfyllts. Känn tillfredsställelsen och tacksamheten som kommer med uppfyllandet av ditt önskemål. Vi får aldrig det vi önskar, utan det vi känner att vi är eller har.

- För att manifestera din önskan snabbare behöver du överföra denna känsla av önskemålstillfredsställelse från ditt medvetande till ditt undermedvetna. Du gör detta genom att ta med dig känslan av önskemålstillfredsställelse när du går och lägger dig i minst 3-7 dagar i följd!

- Använd en imaginär handling som du uppfattar med en eller flera av dina imaginära sinnen för att göra känslan av din önskemålstillfredsställelse verklig.

- Var *beständig* i antagandet om din önskan tills känslan av dess uppfyllande är etablerad och tills du har en inre säkerhet om att din önskan har uppfyllts. Den inre säkerheten motsvarar tron, kunskapen och övertygelsen om din önskan uppfyllelse och den högsta intensiteten du kan ge.

- Låt den *yttre världen* vara den yttre världen. Om du envisas med att upprätthålla ditt antagande, kommer beviset på din önskemålsuppfyllelse också att bli synligt i den yttre världen. Ett antagande som upprätthålls som sant, även om det verkar vara falskt i den yttre världen, kommer att materialiseras till fakta.

- Se till att du varje natt somnar med en positiv, god *känsla*. Detta är avgörande för att möjliggöra ett liv av lycka, glädje och förundran.

- Var uppmärksam över dina *inre dialoger*. Detta är också en imaginär handling som uppfattas som sann och måste överensstämma med din önskans uppfyllelse för att uppnå den.

- Använd *Revisionsmetoden* dagligen för att anpassa dina upplevelser till din önskans uppfyllelse. Å ena sidan kommer detta hjälpa dig att nå dina mål snabbare, och å andra sidan kommer du att eliminera alla dina negativa övertygelser.

- Om du frågar dig själv vad du ska göra under manifestationsprocessen och händelsernas bro i den yttre världen, är svaret: *INGENTING!* Du leds till din önskans uppfyllelse. Fokusera på dig själv och känslan av din önskan uppfylld.

Självklart inkluderar denna sammanfattning inte varje liten aspekt som denna bok behandlade, men det är kärnan när det gäller manifestation. Använd teknikerna som beskrivs i denna bok och integrera dem i ditt dagliga liv. På detta sätt kommer du att kunna manifestera dina önskningar och ditt drömliv.

Vi kan och får manifestera alla önskningar vi verkligen vill ha med vårt hjärta. Detta är Guds vilja och därmed vår egen vilja.

David och jag önskar er allt det bästa med att uppfylla era önskningar och drömmar. Njut och ha kul!

Kapitel 12 - Vart går vi härifrån?

Vi har nått slutet av denna bok, men inte nödvändigtvis slutet på vår resa. Om du vill fortsätta resan med oss, bjuder jag in dig att besöka våra webbplatser och kanaler på sociala medier (sista sidan).

Där tillhandahåller vi mer information om Neville Goddard och lagen om antagandet. Vi kan också diskutera eller klargöra öppna frågor eftersom jag vet att denna bok kan vara en informationsflod för vissa och göra det svårt att utföra alla tekniker. Så, om du vill vara en del av vår gemenskap, är du välkommen när som helst.

Om du gillade boken skulle vi uppskatta om du lämnade en recension på Amazon. Detta skulle hjälpa till att öka bokens räckvidd och göra informationen tillgänglig för fler människor. Vår djupaste önskan är att ge tillbaka den gåva som Neville har gett oss. Jag tackar dig på förhand!

Vi önskar er alla det bästa, mycket glädje och framgång med att manifestera det drömliv du önskar och förtjänar. Kanske ses, läses och hörs vi via sociala medier.

Kärlek till er alla,

Fabio och David

Litteraturlista

Ämnet manifestation

Neville Goddard: The Complete Collection[123]

Joseph Murphy: The Power of Your Subconscious[124]

Vadim Zeland: Transurfing in 78 Days[125]

Ämnet vetenskapliga aspekter

Gregg Braden: The Wisdom Codes[126]

Joe Dispenza: Becoming Supernatural[127]

Bruce Lipton: The Biology of Belief[128]

Ämnet andliga aspekter

Neale Donald Walsch: Conversations with God[129]

Helen Schucman: A Course in Miracles[130]

Wayne Dyer: Change Your Thoughts, Change Your Life[131]

---

[123] amzn.to/3zISDEt

[124] amzn.to/3nZHqgl

[125] amzn.to/3Gp4oDB

[126] amzn.to/3Un812H

[127] amzn.to/3ZSSZD9

[128] amzn.to/3ZRwFd1

[129] amzn.to/3GxY6BN

[130] amzn.to/3KJjB53

[131] amzn.to/3ZRLM6q

Förklaring av termer

Affirmationer: Ett annat ord för mantra eller "en tanke som leder till befrielse". Affirmationer är tillstånd som vi vill anta och genom att upprepa och internalisera dem kan vi uppnå det önskade tillståndet. Men en affirmation är inte bara ord, den behöver kännas som sann och verklig.

Antagande: Ett självförstått faktum som ännu inte har materialiserats i den yttre världen. Ett antagande som uppfattas som sant, oavsett hur falskt det verkar vara, förvandlas till ett märkbart faktum i den yttre världen.

Fantasi/föreställning: Kraften som skapar allting i denna värld. Vi själva och allt vi uppfattar skapas från fantasin, Guds medvetande. Så vår fantasi är vårt medvetande - Guds medvetande. Fantasi är kraften som tillåter oss att utföra en mentalt skapad handling och uppleva den som sann och given med våra fantastiska sinnen, vilket påkallar det önskade tillståndet.

Gud: Den ursprungliga informationen, den ursprungliga energin, det ursprungliga medvetandet, som har speglat alla uppfattbara nivåer, motsvarigheter och tillstånd av sig själv. Gud är allt som är. Gud är du själv och allt du kan uppfatta. Tänk dig Gud som en behållare full av vatten där du är en droppe. Du kan uppfatta dig själv som en droppe, alltså som personen du är just nu. Samtidigt kan du uppfatta dig själv som hela behållaren, som Gud.

Detta är också anledningen till varför vi kan anta vilket medvetandetillstånd som helst vi vill anta.

Himmelriket: Ett annat uttryck för kvantfältet eller havet av alla möjligheter. Detta inkluderar alla tänkbara och otänkbara tillstånd som Gud skapade från den första reflektionen av sig själv för att kunna acceptera och uppleva dem.

Imaginär handling: En mental scen som vi kan uppleva och känna med våra fantastiska sinnen. Detta tillåter oss att känna den mentalt skapade handlingen som sann och given och omforma vår inre värld, som sedan återspeglas i det yttre. Detta är varför vi använder den imaginära handlingen för att manifestera.

Imaginära sinnen: Samma sinnen som vi använder för att uppfatta vår yttre värld, förutom att vi använder dem för att uppfatta vår inre värld. Vi kan se, höra, känna, lukta och smaka på ett imaginärt sätt och därmed utforska och uppfatta vår inre värld.

Inre värld: Ett annat ord för det nuvarande medvetandetillståndet och orsaken till det vi kan uppfatta som en effekt i vår yttre värld. Det är summan av allt vi tror, vet, är övertygade om, tänker och känner.

Kristus: Representerar kraften och visdomen från Gud i mänsklig form; att vara i ett medvetandetillstånd där allting och alla kan räddas.

Kvantfält: Alla möjliga tingens hav. Alla tänkbara och otänkbara tillstånd, informationer och energier är lagrade i detta kvantfält. Dessa är återhämtbara när som helst och från vilken plats som helst. Genom att acceptera det önskade tillståndet, får vi motsvarande information och energi i varje fall. Skriften talar inte om kvantfält, de säger Himmelriket.

Manifestation: Reflektionen av din inre värld i den yttre världen. Allt du tänker, känner och uppfattar som sant och given representerar din inre värld, och detta kommer alltid att projiceras i din yttre värld. Därför manifesterar vi hela tiden, medvetet eller omedvetet.

Medvetande: Den delen av ens medvetande som medvetet kan uppfatta och tolka information i vår inre och yttre värld.

Medvetandetillstånd: De individuella aspekterna eller speglingarna som Gud har skapat ur sig själv. Vi kan anta vilket medvetandetillstånd vi önskar, vilket innebär att vi kan vara den vi vill och ha det vi vill ha.

Mångdimensionell: Alla våra tänkbara versioner existerar parallellt med oss i de respektive (rum-tid) dimensionerna och i här och nu. Eftersom vi kan skifta in i dessa dimensioner är vi mångdimensionella.

Parallella universum: Tillstånd i vår så kallade verklighet, som vi kan anta. Det finns otaliga universum som existerar parallellt med vårt universum och överlappar det. Genom manifestationen traverserar vi dessa parallella universum till den parallella verklighet som motsvarar vår inre värld. Vi vibrerar in i det respektive parallella universumet genom vår tolkning, vårt medvetandetillstånd.

Rum-tidsdimensioner: Ett annat ord för parallella universum eller verkligheter.

Självbild: Ett annat ord för den inre världen.

Tro: Att se, höra, känna och acceptera som sant det som ännu inte är synligt i den yttre världen. Din tro är din inre övertygelse och därmed också ditt öde.

Undermedvetna: Den delen av ens medvetande som är kopplad till havet av alla möjligheter. Vårt undermedvetna accepterar allt som sant och givet och speglar det i vår yttre värld. Det undermedvetna arbetar med bilder och känslor som vi upplever i vårt medvetande.

Verklighet: Den vetenskapligt mätbara objektiva yttre världen. Den är oberoende av vår uppfattning och kan inte formas eller förändras. Oändligt många av dessa verkligheter existerar samtidigt med oss. Vi kan nå dessa parallella verkligheter genom vår uppfattning, vår subjektiva verklighet.

Yttre världen: Projektionsytan som speglar tillståndet i vår inre värld. Det orsakas av vårt medvetande-tillstånd och är bara så verkligt som vi antar och känner det vara.

Hitta oss på sociala medier

Engelskspråkiga området:
Webbplats: elmerlockerjr.com
NevilleBook: www.elmerolockerjr.com/feed
YouTube: youtube.com/@ElmerOLockerjr
TikTok: tiktok.com/@elmerolockerjr
Instagram: instagram.com/elmerolockerjr

Tyskspråkiga området:
Webbplats: richtig-manifestieren.de
Telegram: t.me/s/NevilleGoddardDE
Facebook: facebook.com/richtig.manifestieren
YouTube: youtube.com/@richtig-manifestieren
Instagram: instagram.com/richtig_manifestieren